Hektor Haarkötter
Google & mehr: Online-Recherche

Hektor Haarkötter

Google & mehr: Online-Recherche

Wie Sie exakte Treffer auf
Ihre Suchanfragen erhalten

UVK Verlagsgesellschaft mbH | Konstanz und München

INHALT

A	Vorwort	7
B	Suchen und Finden im digitalen Zeitalter	8
C	Die Welt ist doch eine Google	17
D	Jenseits von Google	61
E	Oberwasser im Datenmeer	95
F	Computer-Tipps	121
G	Literaturverzeichnis	140
H	Index	143

A VORWORT

Online-Sein heißt heute vor allem: suchen. Die schiere Datenmasse, die das Internet heute bereithält, macht den Durchblick schwierig. Das gilt umso mehr für professionelle „Durchblicker" wie zum Beispiel Journalisten. Denn von denen werden im besten Fall exklusive Informationen verlangt, also etwas, was der Durchschnitts-User auf seinen Streifzügen durch das Netz nicht unbedingt findet. Es sind darum ausgefeilte Suchstrategien nötig, die auch entlegene, kuriose oder geheime Quellen im World Wide Web zugänglich machen.

Solche professionellen Suchmethoden möchte ich mit diesem Buch vorstellen. Wer Interesse an einem vertieften Einblick in journalistische Recherchemethoden hat, dem sei mein Buch „Die Kunst der Recherche" empfohlen (Konstanz, UVK, 2015). Ich unterhalte auch einen Rechercheblog im Internet unter der Adresse WWW.KUNSTDERRECHERCHE.DE, wo ich neben aktuellen Geschichten und Tipps rund um die journalistische Recherche auch einen kleinen Überblick über die verschiedenen Internet-Suchmaschinen gebe. In dem Blog finden sich auch alle Onlinequellen, die im vorliegenden Buch mit dem ⌁-Symbol gekennzeichnet sind.

Bedanken möchte ich mich für Hilfe bei der Erstellung des Manuskripts bei Katja Artsiomenka und Julia Böhm.

Köln, im Juli 2016
Hektor Haarkötter

Tags Recherche Computer Filtern

B SUCHEN UND FINDEN IM DIGITALEN ZEITALTER

Ohne einen Computer bedienen zu können, wird man in der neuen Informationsgesellschaft dastehen wie ein zufälliger Besucher.
(John Naisbitt)

1 Kollege Computer

Der Computer ist heute das Arbeitsgerät No. 1 für Journalisten. Das bezieht sich nicht nur auf den Laptop auf dem Berliner Kaffeehaustisch des freiberuflichen Autors, der seine Artikel heute *on the fly* über das Internet in die Redaktionen senden oder gleich in der Welt verbreiten kann. Die Digitalisierung hat vielmehr den Journalismus wie kaum einen anderen Beruf auf allen Ebenen tiefgreifend und nachhaltig verändert: Das Recherchieren, das Produzieren, das Editieren und das Publizieren journalistischer Beiträge findet heute digital statt, keine einzige Produktionsstufe kommt mehr ohne Mikrochips und Computerprogramme aus (vgl. Kayser-Brill 2013: 135). Medienkonvergenz, also das Verschmelzen ehemals getrennter Arbeitsbereiche und Arbeitsgeräte, hat den Computer mit den Worten des Medienwissenschaftlers Friedrich Kittler zum „Universalmedium" gemacht (vgl. Kittler 1986: 7f.).

B Suchen und Finden im digitalen Zeitalter

Die Entwicklung nahm ihren Anfang in den 1970er-Jahren, als die Verlage vom Bleisatz zum Fotosatz wechselten und aus den Redaktionsschreibtischen Bildschirmarbeitsplätze wurden. Die Nachrichtenagenturen DPA und AP führten schon 1973 elektronische Redaktionssysteme ein (Wilke 2004: 87). Als der Präsident des Bundesverbandes Deutscher Zeitungsverleger, Johannes Binkowski, im Verbandsblatt DIE ZEITUNG wegen dieser Elektronisierung die Frage stellte, ob der Redakteur künftig ein „Redaktroniker" sei, war das dem Nachrichtenmagazin DER SPIEGEL noch eine satirische Meldung in seiner Satirespalte „Hohlspiegel" wert (⌁Spiegel 1977). Mit der Einführung des Desktop Publishing 1984 und des ersten grafikfähigen Internetbrowsers „Mosaic" 1993 war die Entwicklung unumkehrbar. Nur die Veteranen des Journalismus wie der ehemalige ZDF-Journalist Wolf von Lojewski sehen durch die Computerisierung den Journalismus bedroht. Heute müssten Journalisten ständig twittern oder über Handy und Internet erreichbar sein, so dass es theoretisch sein könne, „dass der Journalist irgendwann keine Zeit mehr hat, seinen Platz am Computer zu verlassen", bedauerte der Moderator (⌁von Lojewski 2012). Tatsache ist, dass sich Journalismus und insbesondere Recherche ganz überwiegend am Computer abspielen und eine vertiefte Kenntnis der wesentlichen Operationen und Möglichkeiten unabdingbar ist. „Computational Journalism" ist an US-amerikanischen Akademien längst ein Unterrichtsfach, während an deutschen Journalisten- und Hochschulen häufig immer noch zwischen Print-, TV- und Onlinejournalismus unterschieden wird, als ob diese Medientypen und Ausspielkanäle nicht längst konvergiert seien im Universalmedium Computer.

Tags Recherche Computer Filtern

2 Suchen kann jeder, finden nicht

Den vielleicht nachhaltigsten Einfluss hatte die Digitalisierung der Lebens- und Berufswelt aber vielleicht auf den Teilbereich journalistischer Tätigkeit, den wir Recherche nennen. Denn sie hat die Grundprinzipien der journalistischen Informationsgewinnung einmal um 180 Grad gewendet. Was soll das heißen? Heute hat nicht nur das aktuelle Ausmaß der Wissensbestände, sondern auch ihr ständiges exponentielles Wachstum die Situation fürs Wissensmanagement, aber auch für den Wissenserwerb und damit für die Recherche grundsätzlich auf den Kopf gestellt. „Der Aufstieg der Suche als vorherrschende Form des Auffindens von Information ist Ausdruck eines fundamentalen Wandels in unserer informationellen Umwelt", schreibt der Computerwissenschaftler Lev Manovich (2010: 221). Der Medienwissenschaftler Geert Lovink sieht uns in einer „Gesellschaft der Suchanfrage" leben (2010: 58). Und der Technikhistoriker David Gugerli sieht schon die ganze „Welt als Datenbank" (2009: 92). Die amerikanischen Forscher Martin Hilbert und Priscila López haben errechnet, wie sich in allerjüngster Zeit die Kapazitäten verändert haben, Informationen durch den Raum zu übermitteln (Kommunikation), durch die Zeit zu übertragen (Speicherung) und zu berechnen (Informatik). Die Kapazität, Informationen durch Telekommunikationsnetze auszutauschen, betrug 1986 eine Summe von 281 Petabyte (1 Petabyte sind 1.000 x 1.000 Gigabyte) und im Jahr 2007 lag dieser Wert bei 65 Exabyte (1 Exabyte sind 1.000 Petabyte). Auch die Berechenbarkeit hat sich in dieser Zeit vertausendfacht. Und die Möglichkeiten, Informationen zu speichern, haben sich im gleichen Zeitraum immerhin verhundertfacht. Anno 2003 war der Punkt erreicht, an dem mehr

B Suchen und Finden im digitalen Zeitalter

Informationen in digitaler als in analoger Form vorlagen. Waren im Jahr 1993 erst drei Prozent der weltweiten Informationsspeicherkapazität digital, so waren es 2007 bereits 94 Prozent (Hilbert/López 2011: 60 ff.). Wie der Dienst INTERNET LIVE STATS, eine Website des REAL TIME STATISTICS PROJECT, ausgerechnet hat, gibt es mittlerweile mehr als 3,4 Milliarden Internetnutzer, die jeden Tag 162 Milliarden Emails verschicken, über 3 Millionen Blogartikel veröffentlichen, 45 Millionen Fotos auf Instagram hochladen und sich über sieben Milliarden Videos auf Youtube ansehen. Täglich werden fast 500 tausend Computer und sogar mehr als 4,9 Millionen Smartphones verkauft.

Nun ist die Zunahme von Wissensressourcen in einer Wissens- und Informationsgesellschaft nichts Ungewöhnliches. Der Wissenschaftshistoriker Derek de Solla Price hat schon in den 1970er-Jahren errechnet, dass seit dem Zeitalter der Aufklärung, also seit der Mitte des 17. Jahrhunderts, das menschliche Wissen sich ungefähr alle 15 Jahre verdoppelt hat (de Solla Price 1974: 17). Was neu und ungewöhnlich ist, das ist der Umstand, dass Wissen heute von einem objektiven Tatbestand zu einem relationalen geworden ist: Man besitzt heute keine Kenntnisse mehr, sondern weiß, wo man suchen muss. Wenn man es denn weiß! Internetsuchmaschinen und darunter vor allem der unangefochtene Marktführer, die kalifornische Firma GOOGLE, sind zur universellen Sigle fürs heutige Wissensmanagement in Wissenschaft und Beruf, in der Freizeit und im Privatleben geworden. Indem historische Wissensbestände ebenso wie die aktuelle Medienproduktion digitalisiert wurden und ins Internet abgewandert sind, ist der Begriff der Recherche nachgerade ein Synonym für „googeln" geworden. Aber wer suchet, der findet noch lange nicht. Die Deutschen stellen zwar täglich mehr als 100 Millionen Suchan-

Tags Recherche Computer Filtern

fragen an die Suchmaschine GOOGLE (✓☝Kroker 2013). Über 80 Prozent der Befragten einer Studie an der Hochschule Pforzheim zeigten sich auch mit den Suchergebnissen von GOOGLE zufrieden. Allerdings wusste ein ähnlich hoher Prozentsatz der GOOGLE-Nutzer häufig weder wie die Reihenfolge der Suchergebnisse zustande kommt, noch kannten sie Alternativen zu dem Suchmaschinengiganten, geschweige denn dass sie mal eine andere Suchmaschine ausprobiert hätten. Dafür hielten fast 70 Prozent der Befragten häufig Suchergebnisse für irrelevant, selbst wenn sie mit den Suchbegriffen zu tun hatten (✓☝Gaulke 2008: 94). Die Internetnutzer finden zwar, sie finden sich aber nicht zurecht. Wer darüber hinaus sein informationelles Schicksal einem Suchmaschinenbetreiber in die Hände legt, der verliert auch die Beurteilungskriterien dafür, welche womöglich wichtigen Informationen tatsächlich in der virtuellen Welt vorliegen und damit für einen Zugriff über Suchmaschinen zur Verfügung stehen und welche nach wie vor nur in der realen, analogen Welt vorhanden sind.

Was den Begriff der Recherche noch nachhaltig verändert hat, ist nicht nur die Digitalisierung von Wissensressourcen, sondern deren überbordende Fülle. Stichwort: Information Overload.

Nach dem klassischen Verständnis bestand Recherche darin, solche Informationen aufzuspüren, die andernfalls geheim, nicht-öffentlich und unter Verschluss geblieben wären. „Recherchejournalismus setzt intensive, kritische Methoden ein, um Verborgenes ans Tageslicht zu bringen", stellt Siegfried Weischenberg fest (1983: 350). Joseph Pulitzer, der legendäre amerikanische Verleger und Stifter des nach ihm benannten Journalistenpreises, wies seine Redakteure an: „Es gibt kein Verbrechen, keinen Kniff, keinen Trick, keinen Schwindel, kein Laster, das nicht von Geheimhaltung lebt. Bringt diese Heimlichkeiten ans Tageslicht, beschreibt sie, macht sie vor allen Augen lächerlich" (zit. nach Adamek/Otto 2008: 43). Natürlich gibt es nach wie vor Informationen, die vor der Öffentlichkeit verheimlicht werden, und es bleibt die Kunst von Journalisten, diese aufzudecken. Daneben tritt aber ein neuartiges Problem, nämlich aus dem Wust des Offensichtlichen das Relevante herauszufischen. Die Datenmassen – Statistiken und Tabellen, Bildarchive und Musikkollektionen, publizistische Angebote und private Blogs – müssen gesichtet und sortiert, gefiltert und bewertet werden. Neben das Problem der Geheimhaltung tritt heute das vielleicht noch virulentere Problem der Auffindbarkeit oder Findability: Die *eine* Information, die wichtig und entscheidend ist, könnte im Meer des Irrelevanten untergehen und nicht zu finden sein. Früher haben Journalisten so viele Informationen wie möglich zusammengesucht. Heute suchen sie nur noch so wenig wie nötig.

Recherche ist also heute im Internet eine universelle Tätigkeit, die nicht mehr auf Journalisten und die wenigen anderen Rechercheberufe beschränkt ist. Wenn heute jeder recherchiert, dann haben vermutlich auch viele ähnliche Probleme beim Recherchieren:

a. die richtigen, einschlägigen Suchbegriffe zu finden;
b. die notwendigen Suchmethoden zu kennen;
c. nur die relevanten Suchtreffer aufzuspüren;
d. beurteilen zu können, was online auffindbar ist und was nicht;
e. auch Offline-Daten zuverlässig zu finden.

Tags Recherche Computer Filtern

3 Journalismus und Wissenschaft

Gerade in den neuen, digitalen Formen der Informationsgewinnung hat der Journalismus viel Ähnlichkeit mit wissenschaftlichen Vorgehensweisen. Es gibt Stimmen, und dazu zählen vor allem die Vertreter des Data Driven Journalism (DDJ), die fordern, der Journalismus müsse sich insgesamt in seinen (Recherche-)Methoden den Sozialwissenschaften angleichen. Was seit einigen Jahren auch im deutschsprachigen Mediensystem als Datenjournalismus bezeichnet wird, ist ebenfalls schon etwas älter und hat seine Wurzeln in den 1950er- und 60er-Jahren. Damals arbeitete ein Reporter namens Philip Meyer bei der DETROIT FREE PRESS bereits mit Computern. Rassenunruhen erschütterten in dieser Zeit die Großstädte in den USA. Auch in Detroit kam es zu Aufständen. Zeitungskommentatoren mutmaßten, es handle sich bei den Aufständischen um besonders unterprivilegierte Jugendliche, die nichts zu verlieren hätten. Philip Meyer recherchierte demografische Daten über die an den Aufständen Beteiligten und analysierte sie mit dem Computer. Sein überraschendes Ergebnis: Schulabgänger, High-School-Schüler und College-Studenten hielten sich bei den Unruhen ziemlich die Waage (Meyer 2002: 14). Meyer, der später noch für einige andere amerikanische Zeitungen Computeranalysen durchführte und dadurch immer wieder investigativ auf „Stories" stieß, war auch der Erste, der bereits 1972 ein Lehrbuch über Computer Assisted Reporting schrieb: „Precision Journalism. A Reporter's Introduction to Social Science Methods". Darin forderte er, wie der Untertitel des Buches schon ankündigt, dass der Journalismus sich methodisch den Sozialwissenschaften anzunähern habe:

"Der neue Präzisionsjournalismus ist wissenschaftlicher Journalismus. […] Das bedeutet, Journalismus soll durchgeführt werden wie eine Wissenschaft, er muss wissenschaftliche Methoden adaptieren, wissenschaftliche Objektivität und Wissenschaftsideale, und zwar in der gesamten Breite der Massenkommunikation" (Meyer 2002: 5; Übers. H. H.).

Die Methode, die sich dabei für den Journalismus anbietet, ist die andernorts ausführlicher beschriebene Methode der storybasierten Recherche (vgl. Haarkötter 2015: 59 ff.). Recherchiert wird dabei nur noch das, was zwingend nötig für das Erzählen einer faktenbasierten journalistischen Geschichte ist. Nur wer bei der Recherche methodisch sauber vorgeht, kann beispielsweise auch ausschließen, dass er oder sie wesentliche Tatsachen nicht übersehen hat.

Wissenschaft und Journalismus vereint noch mehr: Beide reklamieren einen Wahrheitsanspruch für sich, beide haben hohe Relevanz für die Gesellschaft und beide wollen ihre Ergebnisse im besten Falle nachprüfbar machen. Neben den „computational journalism" muss also der „scientific journalism" treten. Für beide ist es notwendig, das Arbeitswerkzeug zu beherrschen. Im Zentrum stehen dabei die Strategien der methodischen Informationsgewinnung.

Literatur & Links

Hektor Haarkötter (2015): *Die Kunst der Recherche*. Konstanz und München (UVK). Die Website zum Buch mit vielen weiteren Recherche- und Literaturtipps findet sich unter:

www.kunstderrecherche.de

Tags Suchmaschine Google Keywords

Der Klassiker unter den Büchern zum Datenjournalismus:

Phil Meyer (2000): *Precision Journalism. A Reporter's Introduction to Social Science Methods*. 4. Aufl., Lanham

Ein Buch, das sich auf originelle Weise mit unserem neuen Verhältnis zu Daten auseinandersetzt:

Gugerli, David (2009): *Die Welt als Datenbank.* Frankfurt/Main

C DIE WELT IST DOCH EINE GOOGLE

1 Die Googleisierung des Journalismus

Die Onlineforschung hat herausgefunden, dass mehr als 18 Millionen Nutzer in Deutschland jeden Tag wenigstens einmal eine Suchmaschine im Internet nutzen: GOOGLE & Co. sind nach E-Mail-Diensten die zweitwichtigste Anwendung im Internet (vgl. auch ⌁Fress/Koch 2015: 371). Die Wichtigkeit der Suchmaschinen hat auch mit den allgemeinen Zielen der Internetnutzung zu tun: In der ARD/ZDF-Onlinestudie überwog schon im Jahr 2007 bei 72 Prozent der Befragten der Aspekt der Informationsgewinnung als wichtigster Nutzungsgrund, mit 83 Prozent sind Suchmaschinen im Jahr 2013 die am häufigsten verwendeten Internetanwendungen (⌁ARD/ZDF-Onlinestudie).

Unter Journalisten hat sich die GOOGLE-Suchmaschine als Arbeitswerkzeug Nummer eins etabliert. Nach einer Erhebung von Machill, Beiler und Zenker bezeichneten im Jahr 2007 mehr als 99 Prozent der befragten Journalisten GOOGLE als meistgenutzte Suchmaschine (Machill u. a. 2007: 333). Auch unter Schweizer Journalisten aller Sprachgruppen ist nach einer Umfrage von Bernet und Keel die Suchmaschine von GOOGLE mit 99,8 Prozent aller Suchanfragen der Quasimonopolist: „Was Google nicht findet, gelangt sehr schwer in die jour-

nalistische Themenfindung oder Recherche" (Bernet/Keel 2009: 4). Für den Journalismus hat das durchaus nicht nur Nachteile. Machill u. a. weisen darauf hin, dass gerade kleinere Redaktionen, die keine finanziellen Mittel für die Abonnements teurer Datenbanken oder Ausschnittdienste haben, durch GOOGLE erst in die Lage gesetzt werden, Fact-Checking zu betreiben oder Originalquellen zu recherchieren (Machill u. a. 2007: 52). Diesen fraglos positiven Seiten stehen negative Entwicklungen gegenüber wie etwa die Tatsache, dass die GOOGLE-Suchmaschine sich selbst zum Gatekeeper und damit Journalisten ihren ureigensten Zweck streitig gemacht hat. Vinzenz Wyss und Guido Keel sprechen darum von der „Googleisierung des Journalismus" (Wyss/Keel 2007: 144). Damit meinen sie nicht nur, dass unter einer derart einseitigen Fokussierung auf ein einziges Suchwerkzeug die Recherche leidet, sondern auch, dass die Objektivität des Journalismus insgesamt in Frage gestellt ist. In einer geweiteten Perspektive ist nicht nur der Journalismus längst „googleisiert", sondern die Gesellschaft insgesamt. „The Googlization of Everything" nennt das der amerikanische Jurist Siva Vaidhyanathan (2011): Es gibt im approximativen „Internet der Dinge" keine Gegenstandsbereiche mehr, die nicht von der Suchmaschine erfasst werden. Als private Firma unterliegt GOOGLE gleichzeitig praktisch keiner Regulierung: „Das ist nicht neutral und auch nicht Technik, sondern vor allem Politik" (Lobet-Maris 2010: 90). Die sogenannte „Informationsrevolution" hat sich, in den Worten von Geert Lovink, „in eine Flut von Desinformation verkehrt" (Lovink 2010: 56).
Hinzu kommt, dass zwar Computer und Internetrecherchen sich im journalistischen Arbeitsalltag längst etabliert haben, Journalisten aber andererseits die grundlegenden Fertigkeiten im Umgang damit häufig vermissen lassen. Experimente ha-

ben gezeigt, dass nur 20 Prozent der Nutzer ausgefeiltere Recherchemöglichkeiten wie Suchoperatoren verwendeten, 51 Prozent der Nutzer kannten diese nicht einmal (Machill u. a. 2003: 233). Der amerikanische GOOGLE-Experte und Mitbegründer der Zeitschrift WIRED John Battelle geht davon aus, dass 95 Prozent der Nutzer niemals die Funktionen der „erweiterten Suche" genutzt haben und dass „dieser Anteil geringe bis keine Chancen hat zu schrumpfen" (Battelle 2005: 38). Journalisten haben nicht nur große Probleme, die richtigen Suchbegriffe für eine effiziente Suche auszuwählen, sie verlieren sich anschließend auch in der großen Zahl von Suchergebnissen, indem sie erfolglos einer Vielzahl von Links folgen (Machill u. a. 2007: 14). Was Journalisten lernen müssen, ist, mit den richtigen Suchbegriffen unter Nutzung einer verfeinerten *Suchmethodik* eine handhabbare Zahl von Suchergebnissen zu erzielen. Googeln kann jeder. Wollen Journalisten mit ihren Internetrecherchen ihren eigenen Lesern und Nutzern etwas voraushaben, müssen sie zu Internetrecherche-Profis werden. Andernfalls wird der Gatekeeper-Status in Zukunft kaum mehr haltbar sein (Neuberger 2005: 205). Das Endziel ist, auf eine Frage im Internet schnellstmöglich genau die *eine* richtige Antwort zu finden.

2 Warum Google anders ist als die anderen

Wer heute mit einer Recherche beginnt, wird sich vermutlich erst einmal an seinen Computer setzen und stichprobenhaft ein paar Suchbegriffe in der Internet-Suchmaschine GOOGLE eingeben. „Keyword search" ist der Fachbegriff dafür, also das Suchen nach Schlüsselbegriffen. Googeln hat sich als Verb da-

Tags Suchmaschine Google Keywords

für schon längst durchgesetzt, so sehr, dass es als Synonym für „im Internet suchen" zeitweise im Duden gelandet ist.
Das Problem beim Googeln: Man findet meistens nicht das, was man sucht. Und das hat systematische Gründe. Was die GOOGLE-Suchmaschine nämlich einst bekannt gemacht hat, das hat sich mittlerweile selbst zum Fluch entwickelt – GOOGLE ist zu gut! Als das World Wide Web so um das Jahr 1994 herum entstand, gab es noch ganz andere Suchmaschinen. Sie hießen YAHOO! und ALTAVISTA und EXCITE und funktionierten alle nach demselben Prinzip: Sie führten thematisch sortierte Webkataloge. Große Redaktionen sichteten das gerade entstehende WWW nach interessanten Seiten und gruppierten sie zu Themen und Unterthemen. Wer bei YAHOO! etwas suchte, der klickte erst auf „Leute", dann auf „berühmte Persönlichkeiten", dann auf „Schauspieler", dann auf „männlich" und landete schließlich bei „Kevin Costner". Je größer das Internet wurde, desto schwieriger wurde es für diese Suchfirmen, das riesengroße Angebot abzudecken. Die beiden Erfinder von GOOGLE, die amerikanischen Informatikstudenten Sergey Brin und Larry Page, brachen mit diesem Prinzip radikal. Sie hatten verstanden, dass sich die immens große Zahl von Webseiten, die sich zukünftig im Web ausbreiten würde, nicht mit so konventionellen Methoden bewältigen ließe. Der Name ihrer Firma verweist denn auch auf Googol, den mathematischen Begriff für eine immens große Zahl, eine 1 mit 100 Nullen.

C Die Welt ist doch eine Google

> **Googeln**
> Dass der Begriff „googeln" sich als landläufiges Tätigkeitswort allgemein für „im Internet suchen" auch im Duden etabliert hat, hat der Firma GOOGLE gar nicht gefallen: Sie hat beim DUDEN-Verlag in Mannheim gegen den Eintrag protestiert, weil man bei der kalifornischen Firma unter googeln lieber ausschließlich „mit der Suchmaschine GOOGLE finden" verstanden wissen will und nicht jedwede Internetsuche. Die Duden-Redaktion hat dem nachgegeben und verweist seit der 24. Auflage ihres Wörterbuchs explizit auf die kalifornische Firma.

Was GOOGLE anders macht, zeigt schon der Blick auf die Startseite, die sich seit Gründung der Firma im Jahr 1998 (ein Vorläufer war unter dem Namen „BackRub" schon seit 1996 aktiv) nur unwesentlich verändert hat: Wenig mehr als eine weiße Seite mit dem Firmenlogo und der Suchzeile sind zu sehen, man konzentriert sich völlig auf die elektronische Suche. Und diese erfolgt denn auch auf rein elektronischem Wege, (fast) ganz ohne Redaktion und menschliche Hilfe (einschränkend dazu Rogers 2010: 200). Dabei ist GOOGLE gar nicht so simpel, wie auch der Softwarespezialist Donald Norman feststellt: „Ist GOOGLE einfach? Nein. GOOGLE täuscht. Es verbirgt seine Komplexität, indem es bloß eine einzige Suchbox auf der ersten Seite zeigt" (Norman 2004). Kleine Roboterprogramme, sogenannte *Webcrawler*, durchsuchen ständig das Internet und folgen den Links, die sie auf Webseiten finden. Was sie auf den Seiten finden, wird in einen Index geschrieben. Gibt jemand ein Suchwort bei GOOGLE ein, muss nicht das ganze Internet, sondern nur der Index durchsucht werden. Allerdings arbeiten die kleinen Suchprogramme (wie alle Computerprogramme)

Tags Suchmaschine Google Keywords

ziemlich stupide: Sie „verstehen" schließlich nicht, was sie auf den Webseiten zu lesen bekommen, sondern können lediglich das Vorhandensein eines bestimmten Worts in einer bestimmten Schreibweise feststellen. Wenn man bei GOOGLE „Butter" und „Toast" als Suchbegriffe eingibt, würde man schlimmstenfalls als Treffer auch alle Butterblumen sowie den Toast erhalten, den Onkel Alois auf den 75. Geburtstag von Tante Erna erbracht hat.

Doch auch für das Problem der Relevanz haben Brin und Page einen Lösungsvorschlag gehabt: Die Webcrawler zählen auch die Links, die auf eine bestimmte Webseite verweisen, also die sogenannte Linkpopularität. Je höher die Zahl der Verweise, desto weiter oben in der Ergebnisliste steht eine Seite. „PageRank" heißt das bei GOOGLE, sinnigerweise mit dem Nachnamen eines der Erfinder spielend. Die quantitative Erfassung von Links ist ein wichtiges, aber bei Weitem nicht das einzige Kriterium für die Position einer Webseite in dem Ranking. Mehr als 200 Kategorien will GOOGLE abfragen, um die Reihenfolge der Suchergebnisse darzustellen. Um die Suchanfrage so schnell und effizient wie möglich zu bearbeiten, greift GOOGLE auf handelsübliche IBM-kompatible Personal Computer zurück, die allerdings in sehr großer Zahl in sogenannten Clustern zusammengeschaltet sind. Ein und dieselbe Anfrage kann auf diese Weise von vielen Rechnern gleichzeitig bearbeitet werden. Diese Computercluster sind Teil von Rechenzentren, von denen GOOGLE mittlerweile deren fünfzehn weltweit betreibt, vier davon in Europa (Irland, Niederlande, Finnland, Belgien). Drei weitere sind vor kurzem in Hongkong, Singapur und Taiwan entstanden, was auf die zunehmende Bedeutung Asiens für die Internetbranche hinweist.

GOOGLE-RECHENZENTREN

» Wer sich die GOOGLE-Rechenzentren mal ansehen will und mehr darüber erfahren möchte, für den hat die Suchmaschinenfirma eine eigene Website eingerichtet:www.Google.com/intl/de/about/datacenters/gallery/#/

Die geballte Rechenmacht macht die GOOGLE-Suchmaschine so schnell. Bis zu 1.000 Rechner sollen bei jeder einzelnen Suchanfrage aktiv sein. Als Richtwert strebt GOOGLE eine Antwortzeit von einer halben Sekunde an.
Was die Suchmaschine in dieser halben Sekunde auswirft, ist enorm. Einfache Suchbegriffe kommen schnell auf viele tausende, hunderttausende oder gar Millionen Antwortseiten. Wer dort als Suchbegriff das Wort „Google" eingibt, bekommt in „0,25 Sekunden" mehr als 13 Milliarden Treffer gemeldet!

[Abb. B01: GOOGLE sucht GOOGLE]

Man muss diese 13 Milliarden Webseiten, auf denen das Wort GOOGLE vorkommt, nicht lesen. Man kann es auch gar nicht: Diese gigantischen Zahlen sind reines Marketing. GOOGLE listet in seinem Ranking nämlich nur die ersten 1.000 Treffer auf. Aber auch das ist für eine ökonomische Recherche viel zu viel.

Tags Suchmaschine Google Keywords

Was nottut, ist also, die Suche einzuschränken. Im Idealfall möchte der Journalist auf seine Suchanfrage genau *eine* Antwort, nämlich die richtige. Eine wichtige Sucheinschränkung nimmt GOOGLE schon selbst vor: die Personalisierung. GOOGLE beobachtet nämlich seine Nutzer und versucht, sich deren Interessen zu merken. „User Tracking" ist das Fachwort dafür. Schon wenn der Nutzer auf die GOOGLE-Seite surft, ohne eine einzige Suchanfrage gestartet zu haben, kennt der Suchmaschinenbetreiber das verwendete Computerbetriebssystem, die IP-Adresse und damit in der Regel den Standort, die Spracheinstellung und einige sensible technische Details mehr. Tests haben ergeben, dass Suchanfragen mit exakt denselben Suchbegriffen zur selben Zeit an zwei verschiedenen Orten unterschiedliche Ergebnisse liefern. Sitzt der Journalist in München und gibt dort nur das Suchwort „Kino" ein, so erhält er als Erstes das aktuelle Kinoangebot in dieser Stadt. GOOGLE geht es bei der Personalisierung nicht nur um die Effizienz der Suche, sondern vor allem auch darum, Geld zu verdienen. Mit den gespeicherten Daten (Stadt und Heimatland, Sprache, vergangene Suchen, angeklickte Links) kann ein Nutzerprofil erstellt werden, das im Extremfall auch Aufschlüsse über Hobbys, politische Ansichten oder gar die sexuelle Orientierung bietet. Auf diese Weise kann GOOGLE seinen Kunden, also der Werbeindustrie, versprechen, zielgenaue Werbung an den Mann und an die Frau zu bringen.

Der Nutzer ist nicht der Kunde von GOOGLE, sondern das Produkt, das verkauft wird.

> **Tipp: GOOGLE anonymisieren**
> Zu welchen Themengebieten GOOGLE Daten über seine Nutzer gespeichert hat, erfährt man, wenn man auf folgende Seite geht:
> www.Google.com/ads/preferences
> Hier lassen sich Kategorien auch nachträglich wieder löschen oder die Speicherung unterbinden.

Das Einschränken von Suchanfragen im Internet sollte man also nicht GOOGLE überlassen. Hier muss man selbst aktiv werden. Die professionelle Internetsuche via GOOGLE & Co. unterscheidet Journalisten heute von Otto Normal-Usern. Denn Suchbegriffe in Eingabefelder eingeben kann jeder. Aber die richtige Suchstrategie unterscheidet den Internetlaien vom Profi, entscheidet über Erfolg oder Misserfolg journalistischer Arbeit und erspart viel Zeit, Geld und Frustration. Um es noch einmal deutlich zu sagen:

> **Das ideale Ergebnis einer Internetrecherche ist, auf eine Frage exakt die eine richtige Antwort zu erhalten.**

Richtig gesucht, heißt, besser gefunden. Wie sich Suchanfragen bei GOOGLE (und in anderen Suchmaschinen) sinnvoll eingrenzen lassen, darum geht es in den folgenden Abschnitten.

3 Vergiss W-Fragen!

Zu den Grundtugenden von Journalisten gehört es, die richtigen Fragen zu stellen. Journalistische Darstellungsformen wie Nachricht oder Bericht sind geradewegs dadurch definiert, dass sie, um aus dem Lehrbuch zu zitieren, „Antwort auf alle für das Thema relevanten journalistischen W-Fragen geben:

Tags Suchmaschine Google Keywords

Wer? Was? Wann? Wo? Wie? Warum? Woher/welche Quelle?" Auch die Kommunikationswissenschaft als diejenige akademische Disziplin, die sich wissenschaftlich mit dem Journalismus auseinandersetzt, definiert sich durch diese Fragen, die eingängig von Harold Dwight Lasswell in der nach ihm benannten Lasswell-Formel zusammengefasst sind und die verschiedenen Forschungsbereiche benennen: „Who says what in which channel to whom with what effect?" (Beck 2015: 125).
Alles schön und gut. Im Internetzeitalter gilt das allerdings nicht mehr. Kurz und knapp formuliert:
Vergiss die W-Fragen!
Bei der Internetrecherche mit Suchmaschinen wie GOOGLE sollte der Rechercheur nie Fragen formulieren. Man sollte also besser nicht ins Suchfeld der Suchmaschine eingeben: „Wer hat am 22. November 1963 auf Präsident Kennedy geschossen?" Denn GOOGLE ist, wie alle Computerprogramme, ziemlich eigensinnig: Stur sammeln die Webcrawler (sie werden manchmal auch Spider genannt) Einzelwörter, die sie auf Webseiten finden, um sie in einem Index abzulegen. Internetrecherchen in Frageform würden in unserem Beispiel also zuerst alle Webseiten auflisten, auf denen das Wort „wer" vorkommt. Das interessiert aber gar nicht. Stattdessen ist es viel besser, sich zu überlegen, welche Wörter vermutlich in der Antwort vorkommen:
Ermordung Präsident John F. Kennedy November 1963
Vermutlich wird der erste Link, den GOOGLE hier aufführt, schon zu dem gewünschten Ergebnis führen. Es gibt dennoch ein Problem, das wiederum mit der „Dummheit" des Suchalgorithmus zu tun hat: Werden Suchbegriffe einfach nebeneinander geschrieben, ist nicht ganz klar, wonach GOOGLE eigentlich sucht. Tests haben ergeben, dass GOOGLE zuerst alle Webseiten sucht, auf denen beide Wörter zusammen vorkommen.

C Die Welt ist doch eine Google

Daneben bietet GOOGLE auf der Ergebnisseite im Zweifel aber auch alle Webseiten, die entweder nur das Wort „Ermordung" enthalten, oder all diejenigen, die das Wort „Kennedy" enthalten. Das erhöht die Zahl der Treffer natürlich exorbitant. Interessant sind in diesem Fall aber nur solche Seiten, die sowohl das eine wie auch das andere enthalten. Die Auswahl der Suchwörter hat erheblichen Einfluss auf die Qualität einer GOOGLE-Recherche. Es lohnt sich darum, sich über die persönliche Auswahl von Keywords gründlich Gedanken zu machen: Welche Begriffe müssen unbedingt auf der gesuchten Webseite vorkommen, welche auf keinen Fall? In welcher Sprache sollen die Suchbegriffe erscheinen?

> **Tipp: Suchwörter bei GOOGLE**
> Man kann bei der Keyword-Suche in GOOGLE zwei Besonderheiten feststellen:
> 1. *Reihenfolge der Suchwörter:* Die Reihenfolge der Suchwörter drückt deren Relevanz aus, das heißt, der Begriff, der im Suchfenster als Erstes steht, hat Priorität gegenüber den weiteren.
> 2. *Keyword Stuffing:* GOOGLE geht davon aus, dass ein Suchwort umso relevanter ist, je häufiger es vorkommt. Was Suchmaschinenspezialisten sich für die Gestaltung von Webseiten zunutze machen, kann auch bei der Suche hilfreich sein.

Außerdem ist das Ziel der journalistischen Recherche nicht nur, möglichst wenige, relevante Seiten zu finden, sondern auch, solche Seiten zu finden, auf die jemand anderes nicht so leicht stößt. Darum gilt die Regel:

Tags Suchmaschine Google Keywords

Seltene Suchwörter sind üblichen Suchwörtern vorzuziehen.

Um die Suche entsprechend einzugrenzen, gibt es die sogenannten *Boole'schen Operatoren*. Es handelt sich dabei um Verknüpfungen zwischen Ausdrücken, die der Logik entstammen und zuerst von dem Mathematiker George Boole verwendet worden sind: AND, OR, NOT. Den AND-Operator kann man auch mit dem Rechenzeichen + schreiben. Allerdings ändert GOOGLE immer mal wieder sowohl das Design der Suchergebnisseiten als auch die Suchregeln. So wurde vor einiger Zeit ausgerechnet der Plus-Operator und damit die AND-Funktion zugunsten des hauseigenen sozialen Netzwerks GOOGLE+ gestrichen. Eine Zeitlang diente das Pluszeichen dazu, Nutzer dieses Dienstes zu googeln. Doch auch diese Möglichkeit wurde wieder eingestellt, so dass nicht mehr ganz klar ist, was bei Eingabe eines Pluszeichens im GOOGLE-Suchfeld passiert.

Das Minus-Zeichen dagegen ist ein wichtiger Helfer, um die Zahl der Suchergebnisse stark einzuschränken. Wer beispielsweise Informationen über die Stadt München sucht, ohne all die vielen Hotelseiten geliefert zu bekommen, gibt ins Suchfeld ein:

München -Hotel

Auf diese Weise lassen sich nicht nur Hotelseiten ausschließen, sondern beispielsweise auch Shopping-Seiten, Selbsthilfe-, Forums- und Besserwisser-Seiten oder die beliebten Wikis, die sonst häufig die ersten Suchseiten komplett mit Beschlag belegen und journalistisch häufig irrelevant sind.

Es gibt eine ganze Reihe weiterer sehr hilfreicher Sonderzeichen, mit denen man die Internetrecherche mit GOOGLE sehr effektiv verfeinern kann. Die Anführungszeichen suchen genau nach der Phrase, wie sie zwischen den Zeichen steht. Das ist besonders hilfreich bei der Suche nach Personen:

C Die Welt ist doch eine Google

Robert Meier

sucht nach Webseiten, auf denen Roberte und Meiers vorkommen, findet also z. B. auch Seiten, auf denen Robert Schulze und Florian Meier erwähnt werden. Besser schreibt man darum, um ein eindeutiges Ergebnis zu erhalten:

„Robert Meier"

Laut GOOGLES eigenen Angaben sollen die Anführungszeichen auch den Bool'schen Plus-Operator ersetzen: Ein einzelnes Wort zwischen Anführungszeichen wird dann genau in dieser Schreibweise gesucht. Eine Liste mit Operatoren ist in Tabelle 1 verzeichnet.

GOOGLE -Operatoren	
Minus-Zeichen (-)	Sucht nach Seiten, die nicht diesen Ausdruck enthalten.
Merkel -Angela	Findet alle Webseiten, die das Wort „Merkel", nicht aber das Wort „Angela" enthalten.
Anführungszeichen („")	Sucht nach exakt dieser Phrase in diesem Wortlaut.
„Robert E. Meier"	Findet Webseiten, die genau diesen Meier, aber nicht alle anderen Meiers dieser Welt nennen.
Asterisk-Zeichen (*)	Platzhalter: Anstelle des Sternchens kann ein x-beliebiges Wort stehen.
*Tier	Findet Webseiten, auf denen Ausdrücke wie „Haustier", „Wildtier", „Getier" etc. vorkommen. Das funktioniert, auch wenn GOOGLE in den eigenen Suchtipps anderes behauptet. **Tipp:** Wer nach Zitaten sucht, deren genauen Wortlaut man nicht mehr

	kennt, kombiniere Anführungszeichen und Asterisk: „Morgenstund hat * im Mund" findet den richtigen Wortlaut des Sprichworts.
OR	Ein großgeschriebenes OR sucht nach Webseiten, die entweder nur den einen oder nur den anderen Ausdruck enthalten (würde man OR kleinschreiben, würde GOOGLE nach dem Wort „or" suchen).
„Olympische Spiele 2014" OR „Fußball-WM 2016"	Findet Webseiten, die nur eines der beiden Sportereignisse benennen (aber nicht beide zusammen). Statt des Worts OR kann man auch den senkrechten Strich (Vertical Bar oder Pipe) verwenden (|), der aber auf deutschen Tastaturen mit Alt Gr < erzeugt wird.
Zwei Pünktchen (..)	Zwei Punkte vor einer Zahl oder zwischen zwei Zahlen sucht Webseiten innerhalb dieses Rankings.
2010..2012	Sucht Webseiten nur im Zeitraum zwischen den Jahren 2010 und 2012. Tipp: [..2008] sucht einfach alles bis zum Jahr 2008. Das funktioniert z. B. auch mit Wertsymbolen: [€150..€350] sucht nur in diesem Preissegment.

Tabelle 1

Es gibt Wörter, die GOOGLE bei der Suche prinzipiell auslässt. Die nennt man *Filter-* oder *Stoppwörter*. Diese Wörter kann man also getrost bei der Suchanfrage weglassen. Statt [William und Kate] reicht es völlig, [William Kate] in das Suchfeld einzugeben. Auch Satzzeichen, Symbole etc. lässt GOOGLE in der Regel weg. Ausnahme: Operatoren und Währungssymbole, wenn sie wie in den obigen Beispielen genutzt werden.

> **Filterwörter bei GOOGLE**
> Deutsch: am, auf, an, bei, wie, wo, was, wer, wann, in, die, das, der, ein, eine, zu, nach, ich, von, vom.
> Englisch: a, about, an, and, are, as, at, be, by, from, how, i, in, is, it, of, on, or, that, the, this, to, was, we, what, when, where, which, with.

Zum Speichern einer Suchanfrage muss man nur bei gedrückter Maustaste die URL der Ergebnisseite greifen und auf den Desktop ziehen: Schon lässt sich durch einen Doppelklick die gleiche Suche ein andermal wiederholen und das Ergebnisfenster erneut aufrufen.

Alle GOOGLE-Suchanfragen lassen sich speichern.
Seit 2011 bietet GOOGLE den Dienst GOOGLE INSTANT an: Damit wird die Suchanfrage schon während der Eingabe durch den Benutzer vervollständigt. GOOGLES Algorithmen überprüfen dabei, in welchen Wortkombinationen andere User bereits nach ähnlichen Zeichenketten gesucht haben und bieten diese zur schnellen Auswahl an. Laut GOOGLE vergehen bei der Suche zwischen zwei Tastenanschlägen der User 300 Millisekunden. Nur ein Zehntel der Zeit werde dagegen gebraucht, um einen Blick auf andere Teile der Website zu werfen. Statt also eine Kette von Suchbegriffen selbst einzutippen, beginne man nur

Tags Suchmaschine Google Keywords

mit den ersten Buchstaben und erhalte durch einen schnellen Blick mögliche sinnvolle Ergänzungen. Was diese Technologie verrät, ist aber noch etwas anderes: nämlich dass GOOGLE nicht vergisst. Alle früheren Suchanfragen der GOOGLE-Benutzer werden gespeichert, und auf sie kann vom Suchmaschinenbetreiber zu eigenen Auswertungen wieder zurückgegriffen werden. In puncto Recherche ist GOOGLE INSTANT aus zwei Gründen besonders problematisch: Zum einen können GOOGLE-Recherchen auf diese Weise zur Selffulfilling Prophecy werden. Man sucht dann nach Keywords gar nicht deswegen, weil man sich für sie interessiert, sondern weil GOOGLE sie einem anbietet. Zum anderen erhält man als Journalist nur noch solche Suchergebnislisten, die alle anderen auch bekommen, da das Autocomplete von GOOGLE INSTANT ja nichts anderes ist als die Hochrechnung vergangener, besonders beliebter Suchen anderer Nutzer: „Filter Bubble" (siehe Kap. 7.1). GOOGLE INSTANT ist einer der besonders umstrittenen Dienste von GOOGLE und darum bereits mehrfach gerichtsaktenkundig. Denn aus der statistischen Hochrechnung häufiger Suchanfragen können in der öffentlichen Wahrnehmung Tatsachenannahmen werden: Aus Fragen werden dann Antworten. Ein Unternehmer etwa hat gegen GOOGLE geklagt, weil die Autovervollständigen-Funktionen den Namen seiner Firma immer wieder mit den Suchbegriffen „Scientology" und „Betrug" in Verbindung gebracht hatte. Der Bundesgerichtshof gab dem Kläger Recht, da er durch die GOOGLE-Funktion dessen Persönlichkeitsrechte verletzt sah. Auch die ehemalige deutsche First Lady Bettina Wulff hat GOOGLE verklagt, weil Nutzer, die ihren Namen in die Suchmaschine eingaben, an oberster Linie den Begriff „Rotlicht" als Vervollständigung angeboten bekamen. Man kann mit sehr unsinnigen Eingaben die GOOGLE Suchmaschine auch zur Aufgabe bringen. Wenn man sehr große Zif-

C Die Welt ist doch eine Google

fernfolgen eingibt, steigt GOOGLE aus und macht nicht mehr mit. Man kann es einfach ausprobieren und in das Suchfeld eingeben: 77777777..77777778. Es erscheint folgende Anzeige:

[Abb. B02: GOOGLE Systemabsturz]

Wahrscheinlich will GOOGLE damit unnötigen Datenverkehr verhindern, wenn sich bei der Suche einfach nur eine Taste am Computer verklemmt hat oder der Nutzer vor Übermüdung mit dem Kopf auf die Tastatur gefallen ist. Jedenfalls bringt auch der erneute Versuch rein gar nichts.

4 Noch mehr Suchtipps

Die Boole'schen Operatoren sind noch lange nicht die einzige Möglichkeit, die Internetrecherche bei GOOGLE effektiv einzu-

Tags Suchmaschine Google Keywords

grenzen. GOOGLE bietet noch viel mehr Möglichkeiten, um eine Suche so zielgenau wie möglich zu gestalten.

Recherchen eingrenzen mit GOOGLE	
filetype:	Sucht nach Dokumenten, die mit bestimmten Computerprogrammen hergestellt wurden.
filetype:pdf	Findet ausschließlich Dokumente im PDF-Format, die mit dem Programm Adobe Reader zu lesen sind. Analog findet [filetype:doc] nur Word-Dokumente.
intitle:	Sucht nur in der Titelzeile einer Webseite.
intitle:Bundeszentrale	Findet nur Websites, in deren Titel das Wort „Bundeszentrale" vorkommt.
inurl:	Sucht nur in der Internetadresse nach dem Suchbegriff.
inurl:sport	Findet nur Internetadressen, die das Wort „Sport" enthalten.
inanchor:	Sucht nur nach Wörtern, die in einem Link auftauchen.
inanchor:Verbraucher	Findet Links auf Websites, in denen das Wort „Verbraucher" vorkommt (z. B. Links, die auf Verbraucherzentralen verweisen).
link:	Sucht nach Links
link:www.vatican.va	Findet Links auf die Website des Vatikans. Das kann praktisch sein, wenn man wissen möchte, wie viele

	Seiten auf www.vatican.va verweisen.
related:	Sucht nach Websites, die inhaltlich mit der gesuchten Site in Beziehung stehen.
related:www.ard.de	Findet neben der ARD-Website auch die aller teilnehmenden öffentlich-rechtlichen Sender.
info:	Gefolgt vom Namen einer Website sucht [info:] nach weiteren Informationen über diese Seite oder bietet weitere Optionen.
info:www.antimedien.de	Findet nicht nur die gesuchte Seite, sondern bietet auch weitere Informationen über Links, verwandte Seiten etc.
site:	Sucht nur Inhalte, die in einem bestimmten Internetauftritt enthalten sind.
site:sueddeutsche.de	Findet nur Beiträge, die im Onlineangebot der Süddeutschen Zeitung veröffentlicht wurden. Tipp: Diese Einschränkung ist vor allem in Kombination mit weiteren Suchbegriffen sinnvoll. Man kann z. B. bestimmte Suchwörter ausschließlich im Webangebot einer bestimmten Zeitung oder Organisation suchen.

Tabelle 2

Tags Suchmaschine Google Keywords

Es ist darauf zu achten, den Suchbegriff immer direkt hinter den Doppelpunkt zu schreiben. Sonst sucht GOOGLE nach dem konkreten Ausdruck „filetype" oder „link". Probeweise sollte man mal eine Weile einfach mit den verschiedenen Operatoren und Einschränkungsmöglichkeiten herumspielen. Wenn man sich an die verschiedenen Einsatzmöglichkeiten gewöhnt hat, mag man sie nie mehr missen.

Zu einem wirklich mächtigen Werkzeug wird GOOGLE für die journalistische Recherche erst, wenn man die verschiedenen Operatoren miteinander verknüpft. All die verschiedenen Eingrenzungsmöglichkeiten lassen sich nämlich auch kombinieren, so dass sehr zielgenau konkrete Suchergebnisse recherchiert werden können. Wer sich beispielsweise daran erinnert, irgendwo im Webspace des Nachrichtenmagazins DER SPIEGEL einmal das Regierungsprogramm der hessischen SPD für die Wahlperiode von 2008 bis 2013 im pdf-Format gefunden zu haben, der kann so danach suchen:

```
site:spiegel.de Regierungsprogramm "SPD Hessen" 2008..2013 filetype:pdf
```

Bei der Personenrecherche, die bei der Story-basierten Methode ja zentral ist, lassen sich beispielsweise die Anführungszeichen und der Asterisk sinnvoll verknüpfen:

```
"Rainer * Rilke"
```

sucht nach allen sinnvollen Kombinationen des Namens, also auch nach „Rainer M. Rilke", „Rainer Maria Rilke" und allen anderen.

Durch die Verknüpfung und Wiederholung von Operatoren lässt sich die Trefferwahrscheinlichkeit deutlich erhöhen. Wer z. B. auf der Suche nach Vertretern bestimmter Organisationen ist, aber die genaue Bezeichnung nicht kennt, kann mit dem OR-Operator gleich verschiedene Möglichkeiten austesten:

Bund OR Bündnis OR Dachverband OR Initiative OR Interessengemeinschaft OR Interessenverband OR Netzwerk OR Verband OR Vereinigung OR Verein OR Zusammenschluss

Mit dieser Suchmethode lassen sich durch Ergänzung der entsprechenden Keywords sowohl der Hauptverband der Bahn-Landwirtschaft wie auch die Organisation der vegetarisch oder vegan lebenden Menschen (VEBU) oder der Chess Boxing Club Berlin aufspüren.

> *GOOGLE erlaubt die Eingabe von höchstens 32 Suchbegriffen. Diese Anzahl lässt sich aber erhöhen, indem man den Asterisk (*) einsetzt.*

Wem es zu mühsam ist, all diese Verknüpfungs- und Einschränkungsmöglichkeiten auswendig zu lernen, der kann auch auf die „Erweiterte Suche"-Seite von GOOGLE gehen. Früher führte direkt neben dem Eingabefeld ein Link auf diese Seite. Heute muss man wissen, wo sie sich befindet, nämlich hier:

GOOGLES ERWEITERTE SUCHE

» Auf dieser GOOGLE-Seite lassen sich viele Suchoptionen auch per Mausklick auswählen.

Tags Suchmaschine Google Keywords

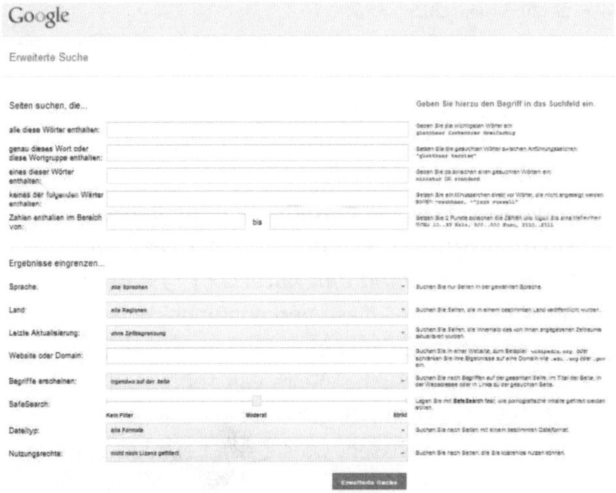

[Abb. B03: Erweiterte GOOGLE-Suche]

5 Google-Ergebnisse einschränken

Wem die Internetrecherche mittels Operatoren zu lästig ist, für den hat GOOGLE noch eine bequemere Art, die Suchergebnisse im Nachhinein einzuschränken und damit treffgenauer zu machen. Nach einem Mausklick auf [Suchoptionen] bietet sich über den Suchergebnissen folgendes Bild mit Auswahlmöglichkeiten:

C Die Welt ist doch eine Google

[Abb. B04: Suche verfeinern]

Hier kann man zuallererst die Suche auf Bilder, Landkarten („maps"), Videos oder Zeitungsartikel („news") einschränken. Hinter diesen Optionen stecken eigene mächtige Spezialsuchmaschinen von GOOGLE, die alle auch über eigene Internetadressen erreichbar sind: [bilder.Google.de], [maps.Google.de], [news.Google.de] etc. Die Videosuche greift vor allem auf den populären Videodienst YOUTUBE zurück. Kein Wunder: YOUTUBE gehört GOOGLE und gilt weltweit als die nach der Eigentümerin selbst zweitbeliebteste Suchmaschine. In Zeiten des sekundären Analphabetismus suchen heute eben viele Menschen ihre Informationen nicht mehr schwarz auf weiß, sondern in Form von Bewegtbildern.

GOOGLE erfährt bei jeder Sucheingabe automatisch den Standort des Nutzers. Das lässt sich aber auch ändern, was großen Einfluss auf die Suchergebnisse und auch auf die Sprachauswahl haben kann. Darum bietet die folgende Auswahl an, explizit „Seiten auf Deutsch" oder „Seiten aus Deutschland" zu suchen. Sehr sinnig kann auch sein, die Suche zeitlich einzuschränken, wenn man etwa ausschließlich aktuelle Informationen sucht. Wer sich beispielsweise für die sportliche Karriere von Uli Hoeneß in den letzten Jahren interessiert und nicht so sehr für seine Steuerhinterziehung, der kann beispielsweise nach [„Uli Hoeneß" 2000..2012] suchen, da seine Steuerdelikte erst im Jahr 2013 ruchbar wurden.

Tags Suchmaschine Google Keywords

Die Option „Wortwörtlich" (englisch: verbatim) sucht die Suchbegriffe exakt so, wie man sie im Eingabefeld eingegeben hat, also z. B. auch inklusive der Stopp- oder Filterwörter, die GOOGLE sonst bei der Suche auslässt.

Am Ende der Suchergebnisseite listet GOOGLE „Verwandte Suchanfragen" auf. Das entspricht dem Befehl [related:]. Eine verwandte Suche zum Suchwort „Microsoft" listet z. B. auch „Apple" auf.

Die Option, nach Bildern, Karten, Videos, News und Produkten zu suchen, bietet GOOGLE auch am oberen Rand jeder Suchseite an. Geht man auf die entsprechenden Seiten, landet man direkt in den speziellen Suchmaschinen, die wiederum ganz eigene Möglichkeiten bieten, die Internetrecherche nach diesen speziellen Inhalten zu verfeinern. Teilweise, wie bei GOOGLE MAPS, handelt es sich im Grunde nicht mehr um reine Search Engines, sondern um ausgefeilte leistungsstarke Programme, die erheblichen Zusatznutzen anbieten.

Die GOOGLE-BILDERSUCHE klaubt aus den Weiten der Internetgalaxie alle Bilder und graphischen Darstellungen, die in Webseiten eingebaut sind und das Suchwort entweder im Titel oder in den Datei-Eigenschaften enthalten. Die Bildersuche bietet genau wie die normale GOOGLE-Suche eine erweiterte Suchseite an. Diese findet sich unter:

```
http://bilder.Google.de/advanced_image_search
```

C Die Welt ist doch eine Google

Hier finden sich auf die visuelle Welt zugeschnittene Suchoptionen wie Farbangaben, Formatwünsche (z. B. Druckgröße oder Webauflösung) oder persönliche Präferenzen zu Jugendschutzkriterien bei der Bildersuche. Nicht nur im Familienkreis, sondern vor allem auch im Büro- und Redaktionsalltag ist es schließlich nicht immer angemessen, bei der Bildersuche nach [Pamela] zuerst eine große Zahl von Fotos einer großbusigen oder wenigbekleideten Blondine zu erhalten – obwohl das natürlich stark von der Redaktion abhängt ...

[Abb. B05: Erweiterte Bildersuche]

Der Landkartendienst GOOGLE MAPS greift auf eine Vielzahl geografischer Dienste und Datenbanken zurück und hat dadurch ein Abbild der Welt im Internet geschaffen. Ein sehr mächtiges Recherche-Werkzeug für Journalisten, das auf vielfältige Weise

Tags Suchmaschine Google Keywords

zu nutzen ist. Ob die einfache Tourenplanung (inklusive Kostenkalkulation), Drehortbesichtigungen oder Motivrecherchen – das alles ist heute mit GOOGLE MAPS vom Schreibtisch aus möglich. In die Suchmaschine GOOGLE MAPS ist heute der Dienst GOOGLE STREETVIEW integriert. Unter Datenschutzgesichtspunkten war dieser Service vor seiner Einführung heftig umstritten, als GOOGLE-Autos mit Street-View-Kameras durch deutsche Städte und über Landstraßen kurvten und dabei, wie sich später herausstellte, auch illegal die WLAN-Daten aus der Nachbarschaft gespeichert und in die USA gefunkt haben (Minor 2012). Allerdings befindet sich journalistische Recherche auch das eine ums andere Mal in Graubereichen des Datenschutzes, schließlich ist nichts journalistisch interessanter als Daten, die jemand anderes nicht freiwillig herausrücken will. Unter diesem Gesichtspunkt ist GOOGLE STREETVIEW ein für Journalisten hochinteressantes Produkt, das bei Internetrecherchen keineswegs ausgelassen werden sollte.

Tipp: Motivrecherche mit GOOGLE EARTH
Die GOOGLE-MAPS-Suche bietet schon eine eigene webbasierte GOOGLE-EARTH-Applikation. Das eigentliche Desktop-Programm GOOGLE EARTH hat aber noch viel mehr zu bieten.
http://earth.google.com/intl/de/
Einfache Anfahrtsbeschreibungen oder digitale Drehvorbesichtigungen für Videoreporter sind hier möglich.

Man erreicht GOOGLE STREETVIEW, wenn man in der Kartenansicht von GOOGLE MAPS das kleine orangefarbene Männchen unter der Navigationseinheit auf die Straßendarstellung zieht und dort loslässt (drag and drop), wo man das Gelände erkunden möchte. Nun tut sich eine räumliche fotorealistische Straßen-

C Die Welt ist doch eine Google

ansicht auf, in der man sich per Mausklick drehen und bewegen kann. Das funktioniert auch in dem separaten Programm GOOGLE EARTH, dort sogar noch flüssiger. Auf diese Weise lässt sich per Internet herausfinden, ob eine Firma wirklich unter einer angegebenen Adresse existiert (und dort nicht etwa nur einen Briefkasten besitzt); ob man schon von der Straße aus mit der Kamera „sprechende Bilder" machen kann (wenn man etwa keine Drehgenehmigung für das Innere besitzt); wie die Nachbarschaft aussieht, was z. B. unter Umständen Rückschlüsse auf das soziale Milieu zulässt. Wie gesagt, datenschutzrechtlich ist das alles nicht unproblematisch. Zum Beispiel nutzen Wirtschaftsauskunfteien solche Geodaten, um die Kreditwürdigkeit einer Person zu bewerten, obwohl die normalerweise gar nichts dafür kann, wenn alle Nachbarn nur schäbige Autos fahren und keine Gardinen vor den Fenstern hängen.

Die Bildinformationen in GOOGLE STREETVIEW sowie die Satellitenaufnahmen in GOOGLE MAPS und EARTH sind nicht aktuell, sondern zum Teil Jahre alt.

Außerdem konnten in Deutschland Mieter und Hausbesitzer ihrer Erfassung in GOOGLE STREETVIEW widersprechen, sodass einzelne Häuser in dem Dienst heute unkenntlich gemacht sein können.

Nichts geht über den eigenen Augenschein! Nur wenn die persönliche Besichtigung eines Ortes aus finanziellen, zeitlichen oder anderen Gründen nicht möglich ist, sollte man auf GOOGLE MAPS & Co. zur Ortsrecherche zurückgreifen.

Tags Suchmaschine Google Keywords

6 Google kann auch direkt antworten

GOOGLE und Bestattungsunternehmer haben etwas gemeinsam: Kaum hat man neue Klienten, ist man sie wieder los. Wie jede kommerzielle Website ist aber auch GOOGLE daran gelegen, Nutzer möglichst lange auf der eigenen Seite zu halten. Denn je länger er auf der GOOGLE-Seite bleibt, umso länger ist er interessant für die Werbekunden von GOOGLE. Darum geht GOOGLE dazu über, immer mehr Informationen direkt auf der eigenen Ergebnisseite anzubieten, statt nur einen Link zu einer fremden Seite zu offerieren. Rechenaufgaben, Wetterberichte, Kinoprogramm, all das und noch viel mehr kann GOOGLE mittlerweile schon allein beantworten. Programmiertechnisch ist die Aufgabe gar nicht so trivial, bedeutet sie doch den Übergang von der schlüsselwortorientierten Internetsuche zur sogenannten *semantischen Suche*, bei der Beziehungen zwischen den Suchwörtern hergestellt werden. Hier eine kleine Übersicht:

C Die Welt ist doch eine Google

Semantische GOOGLE-Suche	
Wetterbericht	Das Wort „Wetter" gefolgt vom Ortsnamen, z. B. [Wetter Stuttgart]
Börsenkurse	Einfach die Wertpapierkennnummer eingeben, z. B. [515100] für BASF
Sportergebnisse	Namen des entsprechenden Sportvereins eingeben, und GOOGLE zeigt Spielergebnisse und nächste Termine z. B. [FC Bayern München]
Taschenrechner	Rechenaufgabe mit den Symbolen + - * / eingeben, z. B. [(5*9+3)^3]
Einheiten umrechnen	GOOGLE kann verschiedene Maßeinheiten (Längen, Gewichte, Maße, Währungen) umrechnen, z. B. [13 Meilen in Kilometer] Tipp: Temperaturen umrechnen geht auch ganz einfach, wenn man die Anfangsbuchstaben der Temperatureinheiten nimmt, z. B. [28 c in f] rechnet aus, was 28 Grad Celsius in Fahrenheit sind.
Definitionen	GOOGLE erklärt Begriffe, dazu muss nur „definiere" vor das Suchwort geschrieben werden, z. B. [definiere Redaktion]
Karten	Landkarten werden angezeigt, wenn vor den Suchort das Wort „Karte" geschrieben wird, z. B. [Karte Bamberg]
Regional suchen	Schreibe die Postleitzahl hinter das Suchwort z. B. [Pizzeria 50677]
Statistische	GOOGLE versucht auch, statistische ab-

Tags Suchmaschine Google Keywords

Daten	fragbare Daten direkt darzustellen, z. B. [Bevölkerung Großbritannien] Tipp: Diese Suche basiert wiederum auf einem eigenen GOOGLE-Dienst, nämlich publicdata. Den erreicht man auch unter der Adresse www.GOOGLE.de/publicdata/directory
Kino	Das Wort Kino gefolgt von einem Ortsnamen bietet das aktuelle Kinoprogramm, z. B. [Kino Köln]
Paketverfolgung	Paketnummer Ihres UPS-, Fedex- oder UPS-Pakets ins Suchfeld eingeben z. B. [1Z9999W99999999999]
Zeitzonen	„Zeit" gefolgt von einem Ortsnamen sagt, wie spät es ist z. B. [Zeit Peking].

Tabelle 3

7 Weitere Google-Dienste und -Programme

Ganz schön viel, was eine Suchmaschine wie GOOGLE zu bieten hat? Das war noch gar nichts. Wir stehen immer noch ganz am Anfang des Googleversums. Bis vor Kurzem war eine Auswahl weiterer GOOGLE-Dienste noch auf der ersten Ergebnisseite abrufbar, indem man auf „Mehr" klickte. Mittlerweile findet man unter dem „Mehr"-Button nur noch Verweise auf solche Dienste, mit denen GOOGLE vor allem der eigenen Umsatzsteigerung Rechnung tragen möchte, z. B. den hauseigenen App-Store oder den lukrativen Fluginformationsdienst. Die Ausnutzung der monopolistischen Marktmacht, die GOOGLE damit an den Tag legt, ist Grund für etliche gerichtliche Auseinandersetzungen. Die journalistisch interessanten Dienste, die den größeren Teil des Funktionsumfangs von GOOGLE ausmachen, sind nicht mehr ohne Weiteres über GOOGLEs Startseiten erreichbar. Einen Überblick verschafft man sich am einfachsten, wenn man auf die GOOGLE-Produkteseite geht:

GOOGLE-PRODUKTE-SEITE

» www.Google.de/intl/de/about/products/

Dort findet man eine Übersicht über viele, aber längst nicht über alle GOOGLE-Produkte:

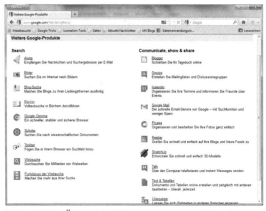

[Abb. B06: Übersicht über GOOGLE-Produkte]

Tags Suchmaschine Google Keywords

Hierunter verbergen sich wiederum ausgefeilte Dienste und Programme, die jedes für sich den Arbeitsalltag von Journalisten erleichtern können. Das Übersetzungsprogramm von GOOGLE ist auch über die Adresse
http://translate.Google.de
erreichbar und bietet Spontanübersetzungen aus dem Deutschen und ins Deutsche an. GOOGLE ist ungeheuer sprachmächtig und beherrscht mehr als 100 Sprachen und Dialekte, darunter auch Tschechisch, Estnisch und sogar Klingonisch. Wer hier einen Text des englischen Dichters Oscar Wilde eingibt, darf keine Übersetzung auf dem Niveau des Dichterfürsten Goethe erwarten. Aber als schnelle Hilfe oder als Wörterbuch, wenn einem das berühmte Wort auf der Zunge liegt, aber leider wieder einmal partout nicht rauskommen will, ist der Service sehr nützlich.

GOOGLE TRANSLATE sollte wirklich nur als Arbeitshilfe genutzt werden. Auf keinen Fall sollte man Texte veröffentlichen, die man mit diesem Dienst ins Deutsche übersetzt hat, denn dazu sind die Übersetzungen zu fehlerhaft.

Sehr praktisch ist GOOGLE TRANSLATE für fremdsprachige Recherchen. Mithilfe dieses Dienstes kann man z. B. Suchbegriffe ins Russische übersetzen, dann die entsprechenden russischsprachigen Websites finden und sich diese wieder ins Deutsche übersetzen lassen.

GOOGLE BOOKS, die Büchersuche, ist ein äußerst anspruchsvolles, aber auch wiederum umstrittenes Projekt, das sich vorgenommen hat, bis zum Jahr 2015 über 15 Millionen Bücher in gescannter Form im Internet verfügbar und im Volltext durchsuchbar zu machen. Es basiert auf zwei verschiedenen Konzepten, nämlich GOOGLE PRINT und GOOGLE LIBRARY. GOOGLE PRINT

C Die Welt ist doch eine Google

ist eine Kooperation mit Verlagen, die ihre lieferbaren Bücher über GOOGLE im Internet durchsuchbar machen. GOOGLE LIBRARY ist der anspruchsvollere Teil der Büchersuche. Der kalifornische Suchspezialist arbeitet hier mit großen, ja weltberühmten universitären Bibliotheken zusammen und scannt sukzessive deren Bestände, um sie digital auswerten zu können und ins Internet zu stellen. Die ehrgeizige Unternehmung hat erheblichen, auch internationalen Ärger verursacht, vor allem wegen unterschiedlicher Regelungen in Sachen Urheberrecht in verschiedenen Ländern. Das führte dazu, dass aktuell lieferbare Bücher zumeist nicht vollständig in GOOGLE BOOKS durchstöbert werden können.

Tipp: Aktuelle Bücher vollständig lesen

Aktuelle Bücher sind in GOOGLE BOOKS zumeist nicht vollständig zu lesen. Bei GOOGLE liegen sie aber dennoch vollständig gescannt vor. Und der Suchmaschinenbetreiber wechselt regelmäßig diejenigen Seiten, die nicht angezeigt werden. Kleine Freeware-Hilfsprogramme wie der idownloader versprechen, GOOGLE BOOKS langfristig im Hintergrund zu beobachten und die entsprechenden Seiten zu „grabben", sobald sie verfügbar sind. Dazu sollte man seinen Computer natürlich nicht ausschalten …

Die Bücher, die in GOOGLE BOOKS eingestellt sind, lassen sich leider nicht einfach runterladen und auf der eigenen Festplatte speichern oder ausdrucken. Dies ist aber häufig für die Recherche unerlässlich, wenn man Ergebnisse dokumentieren will. Die einfachste Möglichkeit ist hier, Screenshots vom Browserfenster zu machen: Unter Windows geht das mit der

Tags Suchmaschine Google Keywords

Print-Taste der Tastatur oder mit Zusatzprogrammen wie dem SNIPPING TOOL. Es gibt aber auch Hilfsprogramme, die das erledigen und die gescannten Buchseiten als Bilddatei oder als PDF-Dokument „grabben", sprich: vom Internet auf die Festplatte überspielen.

> **Bibliotheken**
> Wer sich für Bücher interessiert, für den gibt es übrigens noch zwei weitere praktische Tipps:
> » Geh in die Bibliothek!
> » Geh in die Bibliothek!
>
> Im Ernst: Die großen Staats- und Universitätsbibliotheken in den Landeshauptstädten und bekannten Universitätsstädten sind unerlässliche Werkzeuge für jeden Journalisten und Rechercheur. Hier wird seit Jahrhunderten wertvolles Wissen gespeichert und zur Verfügung gestellt. Man sollte eines nicht vergessen: Das Internet ist erst seit 1993 für die breite Öffentlichkeit nutzbar. Vor dieser Zeit fanden Informationen darum nicht massenhaft ins WWW. Außerdem sind die praktischen Vorteile des Mediums Buch gegenüber dem Computer nicht von der Hand zu weisen: Die Usability eines Buches ist einzigartig, es funktioniert sogar bei Stromausfall und kann – anders als ein Laptop oder iPad – häufig sogar noch dann benutzt werden, wenn es ins Badewasser geplumpst ist...

Die Shopping-Suche durchforstet E-Commerce-Seiten und stellt Produktübersichten zusammen, die nach Preis oder nach Bewertung sortiert angezeigt werden können. Für Verbraucherjournalisten kann das ausgesprochen hilfreich bei Preis-

C Die Welt ist doch eine Google

recherchen oder für eine erste Marktübersicht sein.

GOOGLE BLOGGER ist ein eigener Blogdienst, auf dem GOOGLE kostenlosen werbefinanzierten Webspace für den eigenen Internetauftritt zur Verfügung stellt.

Der unter Recherchegesichtspunkten relevanteste Dienst, der hier zu finden ist, heißt GOOGLE SCHOLAR. Scholar ist das englische Wort für Wissenschaftler, und was sich hinter diesem Suchdienst verbirgt, ist nichts Geringeres als eine wissenschaftliche Datenbank mit Aufsätzen, Essays und Statistiken, die häufig sogar als PDF- oder Word-Dokumente hinterlegt sind und sofort heruntergeladen werden können. Den Dienst erreicht man auch unter der Adresse:

scholar.Google.de

Es kann hilfreich sein, den Operator [filetype:] hier von vornherein in die Suche zu integrieren, um nur nach Dokumenten zu suchen, die man auch aus dem Internet herunterladen kann. Auf der Ergebnisseite von GOOGLE SCHOLAR ist aber auf der rechten Seite jedes einzelnen Treffers zudem vermerkt, wenn es sich um ein bestimmtes Programmdokument wie .PDF oder .DOC handelt. Die scholar-Suche hat einen eigenen Operator, der hilfreich sein kann, nämlich [author:]. Wer in die Suchzeile eingibt:

Photosynthesis author:„John T. O. Kirk"

erhält von GOOGLE nur Arbeiten, die besagter John T. O. Kirk als Autor über die Photosynthese veröffentlicht hat, und nicht Aufsätze, in denen der Name John Kirk z. B. in irgendwelchen Fußnoten vorkommt.

Die GOOGLE-BLOGS-Suche recherchiert ausschließlich in Weblogs. Mit dieser Suchmaschine zu arbeiten, kann journalistisch sinnvoll sein, wenn das Meinungsspektrum der Blogosphäre abgefragt werden soll. Viele auch investigative Leistungen und ein bedeutender Teil der Medienkritik sind

heute schon in Blogs abgewandert. Internetseiten wie der BILDBLOG oder CARTA in Deutschland und die HUFFINGTON POST in den Vereinigten Staaten sind große journalistisch geprägte Blogs, die aktuelle und relevante Informationen präsentieren. Die Blogsuche findet sich auch unter der Internetadresse
www.google.de/blogsearch

PANORAMIO ist ein Foto-Sharing-Service im Besitz der Firma GOOGLE, der vor allem dazu dient, georeferenzierte Bilder in GOOGLE EARTH zur Verfügung zu stellen. Digitale Fotos speichern zumeist geografische Daten ab, die sogenannten Geo-Tags, die auch im Nachhinein noch recherchieren lassen, wo eine Aufnahme gemacht wurde. PANORAMIO verknüpft solche getaggten Fotos mit den Geodaten in GOOGLE EARTH, sodass sich zu vielen Orten der Welt, gerade den touristisch und journalistisch interessanten, auch (private) Fotos in häufig sehr guter Qualität ansehen lassen.

TEXTE & TABELLEN ist eine webbasierte Office-Suite, mit der sich im Internetbrowser Textdokumente und Tabellenkalkulationen bearbeiten lassen. Der Vorteil gegenüber selbstständigen, auf dem eigenen PC installierten Officeprogrammen: Die Dateien lassen sich auch mit anderen über das Internet teilen und sogar gemeinsam bearbeiten, inklusive Versionskontrolle. Unter kollaborativ arbeitenden Recherchejournalisten erfreut sich diese Programmsammlung großer Beliebtheit. Sie vereinfacht beispielsweise auch gemeinsame Recherchen über Ländergrenzen hinweg. Die Journalisten von NDR und SÜDDEUTSCHER ZEITUNG, die in internationaler Kooperation den *Offshore-Leak* recherchiert haben, nutzten dazu diese GOOGLE-Suite. Dafür sind allerdings gewisse Einschränkungen im Funktionsumfang hinzunehmen.

GOOGLE Hacks

Unter dem Titel GOOGLE Hacks finden sich im Internet zahlreiche Seiten (es gibt auch Buchveröffentlichungen unter diesem Titel), die das Letzte aus GOOGLE herausholen wollen. Der Begriff „Hacks" deutet irrigerweise darauf hin, dass es sich um illegale Praktiken handeln würde. Die Suchoperationen selbst sind allerdings rein technische Vorgänge, die nur Ergebnisseiten produzieren. Erst wenn man tatsächlich mit GOOGLE-Hilfe in geschützte fremde Webseiten eindringt oder Dokumente öffnet, kann man in den juristischen Graubereich geraten.

» *In Fremdsprachen suchen:* Viele journalistisch interessante Seiten liegen in anderen Sprachen, vorzugsweise in Englisch, vor. Mit der Suchsprache Englisch und der abgeschalteten Autolokalisierung erhält man daher auf Google.com relevantere Ergebnisse.

» *Suchen, was andere verheimlichen wollen:* Gute Keywords hierfür sind „not for publication", „secret", „not for official use", „confidential" oder Ähnliches. In Kombination mit den Operatoren [site] und [filetype] kann man auf diese Weise schnell herausfinden, wie unbekümmert manche Internetnutzer geheime Dokumente ins Netz stellen. Ein Beispiel: [„secret" OR „confidential" OR „not for publication" filetype:doc OR filetype:docx site:firmenname.com]

» *Sicherheit überprüfen:* Wer überprüfen will, wie sicher geschützte Bereiche von Webseiten sind, kann den vorhergehenden Trick auch mit Suchbegriffen wie „password", „username" etc. und „Filetype:xls" und diversen URLs von Firmen und Institutionen ausprobieren. Es ist frappant, wie schnell man auf diese Weise auch an ganze Listen von geheimen Passwörtern und anderen Sicherheitslecks kommen kann.

Tags Suchmaschine Google Keywords

> » *URL-Manipulation:* Aus der Form bestimmter Internetadressen lässt sich oft ablesen, wie Webseiten aufgebaut sind und wie sich weitergehende Informationen durch simple Manipulation der Adresse ermitteln lassen. Wer z. B. nach den Drucksachen des Bundestags sucht, findet etwa diese URL: [http://dipbt.bundestag.de/doc/btd/18/021/1802130.pdf] Ersetzt man die letzten zwei Ziffern durch 29, 28, 27 etc., erhält man weitere Dokumente des Deutschen Bundestags im PDF-Format. Mit diesem simplen Trick haben Betrüger 200.000 Kundendaten der Citibank ausspioniert: Nachdem sie sich mit einem gültigen Kennwort in den Sicherheitsbereich der Bankwebseite eingeloggt hatten, mussten sie nur noch in der URL immer einen Zähler hochsetzen, um an höchstvertrauliche Bankdaten zu gelangen.

8 Hört das mit Google denn überhaupt nicht mehr auf?

Nein. GOOGLE verhält sich in gewisser Weise wie der Weltraum. Das Universum dehnt sich bekanntlich ständig aus (obwohl trotzdem die Parkplätze immer knapper werden), und auch GOOGLE will und will kein Ende finden. Denn es gibt weitere GOOGLE-Dienste, die selbst auf der Produktseite nicht aufgeführt sind. Hier noch drei interessante GOOGLE-Dienste, die für Recherchen interessant sein können.

C Die Welt ist doch eine Google

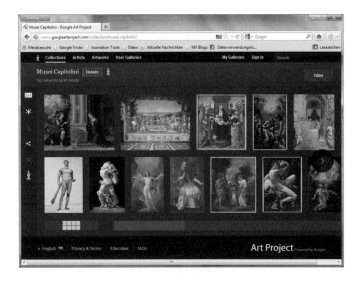

[Abb. B07: GOOGLE Cultural Institute]

Eine einzigartige webbasierte Kunstsammlung findet sich im CULTURALINSTITUTE von GOOGLE vereinigt. Das spannendste Projekt unter diesem Label ist das GOOGLE ARTPROJECT, das unter dieser Webadresse zu erreichen ist:

https://www.google.com/culturalinstitute/project/art-project

Mehr als 1000 Museen wurden seit dem Start des Projekts im Februar 2011 mit mittlerweile mehr als sechs Millionen Kunstwerken in die Kollektion aufgenommen. Die Besonderheit: Die Museen lassen sich digital durchstreifen, die Gemälde und Skulpturen liegen in hochaufgelösten Abbildungen im Gigabytes-Bereich vor. Möglich macht das die gleiche Technologie, die auch hinter GOOGLE STREETVIEW steht sowie ein eigens konstruierter Fotoroboter, der auf den Namen Gigapan hört und in

zwei Nächten ein ganzes Museum digital aufnehmen kann. Im
CULTURALINSTITUTE lassen sich darüber hinaus eigene Galerien
anlegen.

GOOGLE CULTURAL INSTITUTE
www.google.com/culturalinstitute/home

Der GOOGLE MERCHANDISE STORE [www.google-store.com] mit
Devotionalien der Internetfirma dagegen ist wohl nur etwas
für eingefleischte GOOGLE-Fans.
Ein Service, der für die journalistische Recherche allerdings
alles andere als uninteressant ist, stellt GOOGLE TRENDS dar. Es
handelt sich um nichts Geringeres als die Suche der Suchen,
nämlich die Möglichkeit herauszufinden, welche Suchbegriffe
bei GOOGLE in welchen Zeiträumen und wo auf der Erde eingegeben wurden. Daraus lassen sich nicht nur medienpolitisch,
medienethisch und medienpädagogisch hochinteressante
Rückschlüsse ziehen.

C Die Welt ist doch eine Google

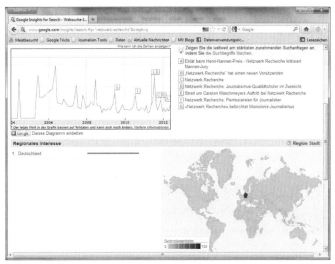

[Abb. B08: GOOGLE TRENDS]

Es lassen sich auch verwandte Suchbegriffe recherchieren, die Relevanz und Aktualität von Themen in bestimmten Zeitfenstern überprüfen und sogar bestimmte Prognosen erstellen. So wird GOOGLE TRENDS schon dafür eingesetzt, um die Ausbreitung kontagiöser Krankheiten, wie z. B. der Virusgrippe, zu verfolgen, Bundestagswahlergebnisse nachzuverfolgen oder gar die Gewinner des Eurovision Song Contests vorherzusagen. Aber auch viele Redaktionen setzen die Trendsuche ein, um die aktuellen Vorlieben der User im Netz zu verfolgen.
Der GOOGLE PUBLIC DATA EXPLORER
[www.google.com/publicdata/directory] bietet Statistiken aus öffentlichen Quellen wie z. B. Eurostat, der Weltbank, OECD und anderen und bereitet sie graphisch, in Diagrammen oder auf Landkarten auf.
Man kann GOOGLE auch automatisch recherchieren lassen. Das

Tags Suchmaschine Google Keywords

geht mit dem Dienst GOOGLE ALERTS. Hierbei handelt es sich um einen sogenannten Current-Awareness-Dienst, bei dem man bestimmte Suchbegriffe oder Personennamen definiert und von GOOGLE in einem festgelegten Turnus (z. B. einmal täglich) eine Nachricht erhält, wenn neue Suchtreffer eingehen oder die Positionen der Suchergebnisse sich geändert haben.

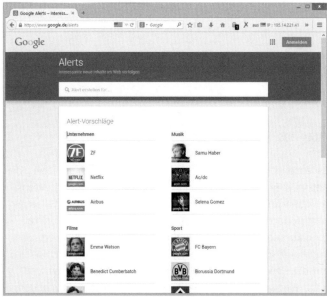

[Abb. B09 Automatische Informationen mit GOOGLE ALERT]

Ein letztes Werkzeug, das GOOGLE für die journalistische Recherche bietet, ist ausgerechnet die Anzeigenabteilung. Journalisten können sich mit GOOGLE ADWORDS beispielsweise auf die Suche nach Protagonisten oder Informanten machen. Mit ADWORDS kauft man sich für bestimmte Suchwörter, die andere

C Die Welt ist doch eine Google

Leute in der Suchmaschine eingeben, auf der GOOGLE-Ergebnisseite ein und landet dann in der Spalte mit den Sponsored Links. Bezahlt werden muss nur, wenn jemand auch tatsächlich auf den Link des Anzeigentextes klickt (*Pay-per-click*).

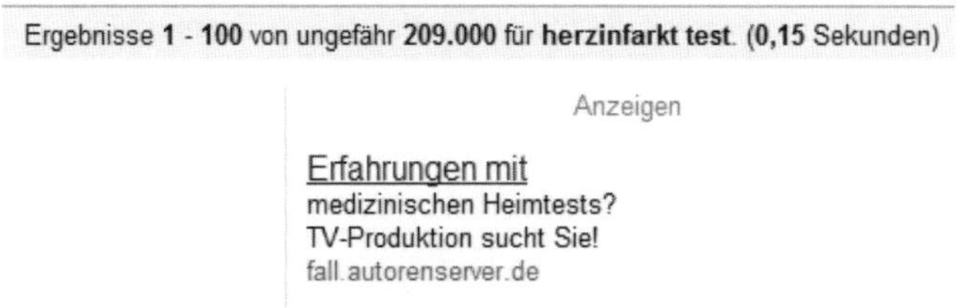

Ergebnisse **1 - 100** von ungefähr **209.000** für **herzinfarkt test**. (0,15 Sekunden)

Anzeigen

Erfahrungen mit
medizinischen Heimtests?
TV-Produktion sucht Sie!
fall.autorenserver.de

[Abb. B10 Recherche mit GOOGLE ADWORDS]

Die ADWORDS lassen sich auch regional eingrenzen, so dass man nur in bestimmten Regionen oder Städten mit seiner Anzeige auf der GOOGLE-Ergebnisseite erscheint. Damit lässt sich die Recherche auf das Sendegebiet oder das Verbreitungsgebiet der eigenen Publikation einschränken.

Tags Suchmaschine Google Keywords

Literatur & Links

101 Tipps und Tricks für die GOOGLE-Suche (in englischer Sprache):

www.techradar.com/news/internet/web/101-Google-tips-tricks-and-hacks-462143

Tippsammlung für die Recherche mit GOOGLE (diesmal auf Deutsch):

www.netzwelt.de/news/74551-tipps-tricks-fuers-professionelle-Googlen.html

Dicker Schmöker, der neben Suchtipps auch viele weitere GOOGLE-Programme beschreibt:

Philip Kiefer (2010): *Die ultimative Google-Bibel.* Düsseldorf.

Der ehemalige NEWSWEEK-Chefredakteur dringt ins Innere der Suchfirma vor:

Steven Levy (2012): *Google Inside: Wie Google denkt, arbeitet und unser Leben verändert.* Frechen.

Kritische Bestandsaufnahme, vor allem was den Datenschutz angeht:

Jens Kilgenstein (2011): *Ist Google böse? Was die Suchmaschine über Sie weiß und wie Sie sich wehren können.* Rostock.

D JENSEITS VON GOOGLE

1 Suchmaschinen-Alternativen

„Don't be evil" („Tue nichts Böses") – das ist das Firmenmotto des kalifornischen Suchmaschinenanbieters GOOGLE (Batelle 2005: 167). Überprüfen kann das, wer statt auf die gewöhnliche Suchseite der Internetfirma aus Mountain View/California die Internetadresse www.Google.org eingibt. Hier demonstriert GOOGLE seine soziale Ader, führt Hilfs- und Umweltprojekte vor, die die Firma unterstützt, zeigt, wie Nichtregierungsorganisationen Beistand von dem Suchmaschinenbetreiber erhalten können, und führt das eigene Engagement für Kultur- und Bildungseinrichtungen vor. Ja, GOOGLE tut Gutes. Dennoch hat das Image von GOOGLE so stark gelitten, dass es schon Buchtitel gibt, die rundheraus fragen: „Ist Google böse?" (Kilgenstein 2011) und in denen der Suchmaschinenbetreiber sich als „Datenkrake" oder „weltgrößte Detektivagentur" schmähen lassen muss (ebd., S.11). Selbst Apologeten kommen nicht umhin festzustellen: „Googles Sammelwut, was Daten betrifft, ist legendär" (Kiefer 2010: 478).
Die Suchmaschine der Firma GOOGLE dominiert nicht nur im deutschsprachigen Raum, sondern weltweit derart, dass der Suchmaschinen-Spezialist Wolfgang Sander-Beuermann von der Leibniz-Universität Hannover feststellt: „Der Markt ist zerstört" (🖱Meier 2012). Nicht nur bei der einfachen Websuche hat GOOGLE die Nase vorn: Durch die Vielzahl ihrer Zusatzan-

Tags   Suchmaschinenalternativen   Social Media

gebote und Firmenzukäufe wie die Videoplattform YouTube oder den Werbevermarkter DoubleClick erstreckt sich GOOGLEs Einfluss heute beinahe über das gesamte Internet. Für Jeff Jarvis ist der Erfolg von GOOGLE so beispielhaft, dass seiner Meinung nach jeder, der im Internet reüssieren wolle, sich fragen müsse: „Was würde GOOGLE tun?" (Jarvis 2009). Der Erfolg hat auch mit der Qualität von GOOGLE zu tun: Selbst wenn GOOGLE längst keine Zahlen mehr zu diesem Thema veröffentlicht, kann man davon ausgehen, dass Billionen von Webseiten indiziert sind und in GOOGLE-Rechenzentren, die quer über den Globus verteilt sind, ständig für die Internetrecherche zur Verfügung stehen, um das selbsterklärte Ziel zu verwirklichen, jede Suchanfrage innerhalb einer halben Sekunde beantwortet zu haben. In einem berühmt gewordenen Zehn-Punkte-Plan („Ten things we know to be true") hat GOOGLE dieses Selbstverständnis formuliert: „Großartig ist für uns noch nicht gut genug" (🖰Google Inc. o. J.). Aber selbst wenn GOOGLE Billionen von Internetseiten indiziert hat, gehen Schätzungen doch davon aus, dass maximal 20 Prozent der im Internet verfügbaren Informationen dadurch erfasst sind: Mit der nach wie vor dramatischen Dynamik des Internets können GOOGLEs *Webcrawler* nicht mithalten, was gravierende Folgen für den recherchierenden Journalisten hat:

> *„Dieses Vertrauen in einzelne Suchmaschinenanbieter – allen voran Marktführer Google – ist problematisch. Denn die Beschränkung auf eine Suchmaschine führt dazu, immer automatisch einen Teil der möglichen Suchergebnisse auszuschließen. Suchmaschinen erfassen immer nur einen Teil des Internets [...], so dass die Nutzung nur einer Suchmaschine systematisch ganze Teile des Internets aus den Ergebnislisten ausschließt. Dies mag für einen privaten Suchmaschinennutzer nicht weiter relevant sein; vor*

D Jenseits von Google

dem Hintergrund einer journalistischen Suchmaschinennutzung ist dieser Aspekt jedoch kritisch zu betrachten, da eine unabhängige Berichterstattung die unabhängige Prüfung möglichst aller relevanten Quellen bedingt" (Machill u. a. 2007: 50).

Durch das User Tracking und die Personalisierung von Suchergebnissen stimmen darüber hinaus die Ergebnisse, die zur gleichen Zeit mit denselben Begriffen an zwei verschiedenen Orten von zwei verschiedenen Personen durchgeführt werden, nicht überein. Diese Personalisierung der Suchergebnisse führt aber dazu, dass aktuelle Suchverläufe den vergangenen Suchverläufen angepasst werden, sprich: Der GOOGLE-User findet nur das, was er ohnehin schon gefunden hat. Der amerikanische Internet-Aktivist Eli Pariser hat dafür den Ausdruck „Filter Bubble" geprägt (Pariser 2012: 117 ff.).

Die erkaufte Höherplatzierung von Werbelinks und die Suchmaschinenoptimierung von Webseiten verfälschen die GOOGLE-Suchergebnisse zusätzlich: Seit dem Jahr 2000 verkauft die Firma nämlich die ersten Suchergebnisse auf jeder Ergebnisseite kontextsensitiv an den Höchstbietenden. Diese Anzeigen sind zwar gekennzeichnet, dennoch haben viele Nutzer Probleme, die Werbeergebnisse von den eigentlichen Suchergebnissen zu unterscheiden. Aber auch Suchtreffer, die nicht als Werbung markiert sind, können gegen Geld weiter oben auf der Suchseite gelandet sein: Firmen und PR-Agenturen betreiben sogenannte *Suchmaschinenoptimierung* (SEO, Search Engine Optimization), um sich bei GOOGLE besser zu platzieren. Es ist viel dran an der Vermutung, dass alle Suchtreffer jedenfalls kommerziell interessanter Keywords, die auf der ersten Ergebnisseite von GOOGLE stehen, nur aufgrund von Geldleistungen der ein oder anderen Art dort gelandet sind.

Der Journalist ist also in der Pflicht, nie nur eine Suchmaschine

Tags Suchmaschinenalternativen Social Media

zu besuchen, sondern stets auch alternative *Search Engines* abzufragen. Es gibt darüber hinaus für spezielle Fragestellungen häufig spezialisierte Suchmaschinen, die entsprechend verfeinerte Fundstellen bieten können.

Andere Suchmaschinen ergeben andere Suchergebnisse.

2 Allgemeine Suchmaschinen

Die Suchmaschinen YAHOO! und BING sind gewaltige Recherchewerkzeuge, die ebenfalls mit riesigen eigenen Indices das Internet erschließen. Mittlerweile sind die beiden eine strategische Allianz eingegangen, sodass YAHOO! auf den Index von BING zurückgreift und nicht mehr selbst Webseiten indiziert. Bei beiden funktionieren die auch von GOOGLE bekannten Suchoperatoren. Dennoch hat jede Suchmaschine ihre Eigenheiten.

YAHOO! (de.yahoo.com) war der erste echte Internetgigant, bevor GOOGLE kam. Bis heute versucht YAHOO!, mehr Portal als nur Suchmaschine zu sein und mit allerlei Zusatzangeboten die User auf der eigenen Seite zu halten. Die Besonderheit bei YAHOO! ist, dass anders als bei GOOGLE auch die Operatoren and (+) und and not (-) eingesetzt werden können. Außerdem hat YAHOO! kein Limit bei der Anzahl der Suchwörter, es können also auch mehr als 32 Suchbegriffe gleichzeitig recherchiert werden.

BING (www.bing.de) ist die Suchmaschine, mit der die Softwarefirma MICROSOFT seit 2009 GOOGLE direkt den Kampf angesagt hat. Durch strukturierte Ergebnisseiten soll gegenüber dem Marktführer ein Mehrwert geschaffen werden. Dabei bemüht sich MICROSOFT, mit allerlei Zusatzsuchdiensten wie ei-

D Jenseits von Google

nem eigenen Karten-, Bilder- und Videoangebot zum Marktführer GOOGLE aufzuschließen. Als kleine Extravaganz bietet BING an, dass sich direkt nach IP-Adressen recherchieren lässt. Mit dieser Methode lässt sich z. B. herausfinden, welche Domains auf ein und demselben Server zu finden sind. Außerdem bietet BING einen eigenen Suchoperator für RSS-Feeds. Der Suchterm [feed:palästina] findet also Kanäle, die Nachrichten und Informationen zu Palästina sammeln.

[Abb. C01: Microsofts Suchmaschine BING und Suchmaschine und Portal YAHOO!]

Suchmaschinen wie STARTPAGE (startpage.de) oder DUCKDUCKGO (duckduckgo.de) legen vor allem Wert auf Datenschutz und zeigen, dass sinnvolle Suchanfragen auch ohne User Tracking möglich sind. Deswegen sind sie besonders in der Hackerszene sehr beliebt. DUCKDUCKGO wurde vom amerikanischen MIT-Absolventen Gabriel Weinberg gegründet und greift neben der eigenen Search Engine auch auf die Dienste anderer Suchmaschinen zurück. Deswegen wird DUCKDUCKGO auch als Hybridsuchmaschine bezeichnet. In sogenannten „Zero-click-Boxen" werden Antworten auf entsprechend erkannte Fragen direkt auf der Ergebnisseite gegeben, ohne dass Links auf externe

Webseiten gefolgt werden müsste. Zu den vielen sinnvollen Funktionen des Suchdienstes gehört auch die, Shopping-Seiten von vornherein aus den Suchergebnissen herausfiltern zu können. Webseiten, die hauptsächlich Inhaltsmühlen oder Linkfarmen darstellen, wie DEMAND MEDIAS (ehow.com), werden ebenfalls herausgefiltert, da Weinberg sie für schlechte Qualität hält, „ausschließlich dafür erstellt, die Seite beim GOOGLE-Suchindex weit nach oben zu bringen".

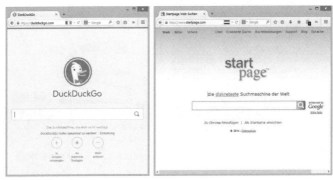

[Abb. C02: Suchmaschinen-Alternativen DUCKDUCKGO und STARTPAGE]

STARTPAGE basiert auf dem Metasuchdienst IXQUICK aus Holland (und ist entsprechend auch unter der Adresse www.ixquick.de erreichbar). Eine Metasuchmaschine ist ein Dienst, der selbst keine Crawler oder Spider durchs Internet schickt, sondern die Ergebnisse vieler anderer Suchmaschinen durchforstet und zusammenfasst. Auch bei STARTPAGE steht der Datenschutzgedanke im Vordergrund. STARTPAGE lässt einen Zugriff auf den Suchindex von GOOGLE zu, umgeht dabei aber die User-Erfassung. Es werden weder die IP-Adressen der Nutzer er-

D Jenseits von Google

fasst, noch Cookies auf dem Computer hinterlassen. Ein kostenloser Proxy-Server ermöglicht sogar kostenlos das anonyme Surfen durchs Internet.

Einen innovativen Weg geht die Suchmaschine, die unter der Adresse [search.disconnect.me] erreichbar ist. Hier lassen sich nämlich die Suchergebnisse der etablierten Suchmaschinenriesen wie BING oder YAHOO einsehen, allerdings so, dass die Suchmaschinen den Nutzer nicht zurückverfolgen können. DISCONNECT bietet darüber hinaus auch noch weitergehenden Schutz vor den Gefahren des Internets an wie Malware-Protection oder das Surfen über sogenannte VPN-Verbindungen. Ähnlich funktionieren auch PRIVATELEE.COM oder IXQUICK.COM.

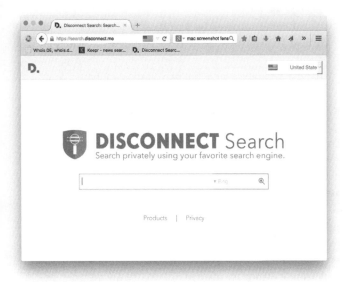

[Abb. C03: DISCONNECT Search]

Tags Suchmaschinenalternativen Social Media

> **Tipp: Alternative Suchmaschinen**
> » de.ask.com (viertgrößte Suchmaschine mit deutschsprachigem Angebot)
> » blekko.com (bezieht Anwenderinformationen mit in die Suche ein)
> » dmoz.org (eine der letzten freien Web-Directories)
> » www.fireball.de (spezialisiert auf deutschsprachige Websites)
> » http://www.exalead.com/search/web/ (französische Suchmaschine mit eigener Bildersuche und erweiterten Sucheinstellungen)
> » lycos.com (war mal Dotcom-Gigant, heute noch als Suchdienst dabei)
> » qwant.com (französische Suchmaschine, die auf Datenschutz achtet und News und Social Media mit durchsucht)
> » tixuma.de (zahlt einen Teil der Werbeeinnahmen an die User zurück)
> » yandex.com (in Osteuropa und vor allem Russland starker GOOGLE-Konkurrent)
>
> Einen kommentierten Überblick über eine große Fülle verschiedener Websites gibt es unter:
> http://sprint.informationswissenschaft.ch/allgemeine-suche/suchdienste/

Metasuchmaschinen können sehr wertvoll für die journalistische Recherche sein. Was Metasuchmaschinen angeht, kommt eine der besten geradewegs aus Deutschland. Die Informatiker der Universität Hannover pflegen METAGER (www.metager.de). Direkt auf der Startseite von METAGER erreicht man die „persönlichen Einstellungen". Hier ist zu sehen, auf welche Vielfalt von Internetressourcen dieser Dienst zugreift, und diese sind nach den persönlichen Präferenzen aus- und abwählbar. Auch METAGER verzichtet auf die Speicherung jeglicher personenbezogener Daten bei der Internetrecherche. METAGER bietet mit „Code-Search" auch die Möglichkeit, im Internet direkt nach Programmiercode zu suchen. Eine andere interessante Meta-Suchmaschine ist UNBUBBLE.EU. Eine kleine Übersicht über die Metasuche findet sich unter METASUCHMASCHINE.ORG.

[Abb. C04: Die deutsche Metasuchmaschine METAGER]

Die Suchmaschine WOLFRAMALPHA (www.wolframalpha.com) geht einen grundsätzlich anderen Weg, um Informationen aus dem Internet aufzubereiten. Die Suchmaschine wurde von dem britischen Mathematiker und Physiker Stephen Wolfram

Tags Suchmaschinenalternativen Social Media

entwickelt, der bereits mit der Software „Mathematica" eines der meistgenutzten mathematisch-naturwissenschaftlichen Programme geschaffen hat. WOLFRAMALPHA stellt in der Regel keine Links zu anderen Webseiten her, sondern bereitet die gesuchten Informationen, bevorzugt aus dem mathematisch-naturwissenschaftlichen Bereich, übersichtlich auf der eigenen Seite auf.

[Abb. C05: Wissenschaftliche Suchmaschine WOLFRAMALPHA

Neben diesen allgemeinen Suchmaschinen gibt es noch eine Vielzahl spezialisierter Suchdienste im Internet, von denen im Folgenden einige für die journalistische Recherche besonders wichtige vorgestellt werden sollen.

D Jenseits von Google

Pressesuchdienste

Journalistische Texte sind oft die erste Quelle für die Recherche. Früher war das Leben da einfacher: Man las SPIEGEL und SÜDDEUTSCHE, die Wochenzeitung DIE ZEIT und, wenn es sich nicht vermeiden ließ, DIE BILD, und dann war man ungefähr auf dem Wissensstand, den alle anderen Journalisten auch hatten. Heute hat man im Internet Zugriff auf Myriaden von journalistischen Inhalten. Sich darin zurechtzufinden, muss nicht zwangsläufig mit News-Aggregatoren wie GOOGLE NEWS geschehen. Spezialisierte Suchmaschinen wie PAPERBALL.DE, WAGON.DE oder PRESSINI.DE bieten Zugriff auf die kostenlosen journalistischen Angebote im Netz, häufig mit sehr intelligenten Filtermöglichkeiten. Viele Zeitungen und Magazine bieten darüber hinaus ganz oder auszugsweise ihre eigenen Archive auf den hauseigenen Webseiten an. Bei SPIEGEL ONLINE etwa kann man Spiegelartikel bis in die 1940er-Jahre recherchieren, ein großer Teil davon liegt als PDF-Dokument im Originallayout vor. Wer bereit ist, für die professionelle Recherche journalistischer Inhalte etwas Geld zu bezahlen, ist bei den Diensten GENIOS.DE und LEXISNEXIS.DE am besten bedient. Große Medienhäuser oder Rundfunkanstalten besitzen in der Regel den Zugang zu einer dieser Datenbanken.

[Abb. C06: GENIOS: eine große kommerzielle Pressedatenbank]

Tags Suchmaschinenalternativen Social Media

Videos und Bilder suchen

Auch bei der Suche nach bewegten Bildern muss es nicht immer YouTube sein. Blinkx.com und Vimeo.de sind andere Videoplattformen im Internet, auf denen man teils ohne die Restriktionen von YouTube nach Filmausschnitten suchen kann.

Die Bildersuche im Internet ist für Journalisten besonders wichtig, da heute im Netz ein großer Bilderpool zur Verfügung steht, der auch in der Presse, im eigenen Onlinemagazin oder Blog genutzt werden kann. Neben den Bilder-Suchseiten von Google und Yahoo! hat sich die schwedische Firma Picsearch.de als drittgrößte Bildersuchmaschine im Internet etabliert. Tineye.com ist eine reverse Bildersuche, das heißt, wenn man ein Foto hochlädt, sucht diese Bildersuchmaschine nach ähnlichen Motiven. Soziale Netzwerke, in denen sich Fotografen treffen, wie Fotocommunity.de oder Flickr.com bieten natürlich auch eine Fundgrube an Bildmaterial. Die deutsche Bilderdatenbank Pixelio.de versammelt mittlerweile mehr als eine halbe Million Fotos, die unter verschiedenen Lizenzbedingungen, aber zumeist frei genutzt werden können. Auch Pixabay.de bietet gemeinfreie Fotos an. Die Search Engine CC search (search.creativecommons.org) ist ein mächtiges Werkzeug, das verschiedene frei verfügbare Suchmaschinen sowie Datenbanken und Netzwerke nicht nur nach gemeinfreien Bildern und Fotos absucht, sondern auch nach Sounds und Videos.

D Jenseits von Google

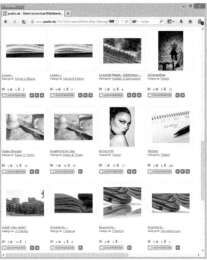

[Abb. C07: Creative Commons-Suche mit CC SEARCH]

[Abb. C08: PIXELIO bietet lizenzfreie Fotos]

Tags Suchmaschinenalternativen Social Media

Sounds und Musik suchen

Jemand sucht für einen aktuellen Videobeitrag, ein Hörfunkfeature oder eine Multimediareportage nach Sounds und Musik? Auch hier gibt es im Internet eine große Auswahl. SONOTON.DE ist ein kommerzieller Anbieter von Industriemusik, die als Hintergrundmusik bei Film und Fernsehen ausgesprochen beliebt ist. Journalisten müssen bei SONOTON keinen Cent bezahlen und bekommen eine riesige Auswahl von Musiken, Atmos und Geräuschen kostenlos zum Download und auf Wunsch sogar auf Audio-CD geschickt. Finanziert wird das ausschließlich über die GEMA-Gebühren, die bei jeder Ausstrahlung des Beitrags fällig werden. Auch UBM-MEDIA.COM funktioniert nach dem gleichen Prinzip. Für die Musik- und Soundrecherche bieten sich auch FINDSOUNDS.COM oder SOUNDJAX.COM an. Der Musiksuchdienst MUSGLE.COM beschreitet einen eigenwilligen Weg: Er nutzt die SEARCH ENGINE von GOOGLE, modifiziert sie aber so, dass nur musikalisch relevante Ergebnisse ausgegeben werden. Innovativ sind Musiksuchdienste wie MIDOMI.COM oder SHAZAM.COM. Letzterer ist vor allem durch seine Smartphone-App bekannt geworden und so populär, dass er mittlerweile ins iPhone-Betriebssystem integriert ist. Es handelt sich dabei um klanggesteuerte Musiksuche: Bei MIDOMI singt oder summt man mittels eines am PC angeschlossenen Mikrofons die Melodie, die einem durch den Kopf geht, und der Suchdienst verrät, um welchen Titel es sich handelt. SHAZAM macht es noch bequemer: Einfach das Smartphone in Richtung Musikquelle halten, wo gerade ein Titel läuft, der einen interessiert, und schon erfährt man Titel und Interpret.

D Jenseits von Google

Vorsicht bei der Verwendung von Sound und Musik im Internet! Da auf Internet-Veröffentlichungen in der Regel weltweit zugegriffen werden kann, sind häufig eine Vielzahl von Rechten verletzt.

Tipp: Lizenzfreie Musik im Internet

Es gibt einige Internetseiten, die sich auf rechtefreie Musiken spezialisiert haben, für die also auch keine GEMA-Gebühren fällig werden und mit denen z. B. Podcasts oder Multimediareportagen unterlegt werden können:

www.jamendo.com/de
www.gemafreie-welten.de

Musikprogramme wie der „Magix MusicMaker" sind darauf spezialisiert, Musikstücke aus vorgefertigten Patterns und Samples herzustellen. Auch diese lassen sich problemlos und ohne GEMA-Gebühren im Internet verwerten.

Geografische Informationen

Auch zu GOOGLE EARTH gibt es Alternativen. Die schon erwähnte Suchmaschine WOLFRAMALPHA.COM hat Stärken in der Darstellung geografischer Informationen. Daneben gibt es Internetdienste, die komplett auf Geodaten spezialisiert sind. GEONAMES.ORG und MAPQUEST.COM bieten ähnlich WIE TAGZANIA.COM eine Vielzahl an geografischen Daten, Kartenmaterial und vieles mehr. Eine Suchmaschine, die sich ganz auf die Themen Reisen und Tourismus spezialisiert hat, ist METEORA.DE.

Tags Suchmaschinenalternativen Social Media

Kulturgeschichte

Journalismus ist ein meritorisches Gut und stellt selbst ein Kulturprodukt dar. Verweise auf den großen Schatz unserer Kulturgeschichte, auf Kunst und Literatur, machen aus dem Schreiberling eine Edelfeder. Das Internet ist auch in dieser Hinsicht ein Füllhorn an Gutem, Wahrem und Schönem. Das Projekt GUTENBERG.ORG beziehungsweise das deutschsprachige GUTENBERG.SPIEGEL.DE haben sich zur Aufgabe gemacht, die Weltliteratur kostenlos zur Verfügung zu stellen. Enthusiasten haben dazu weltweit literarische Schätze gescannt und per Texterkennungssoftware computerlesbar gemacht.

Die Texte des Projekt Gutenberg sind nicht unbedingt zitabel. Die Digitalisierung erfolgte oft durch Amateure und nicht nach editionskritischen Grundsätzen (weswegen es Literaturwissenschaftler manchmal gruselt). Also, zur Sicherheit doch mal das korrekte Zitat in der guten alten Goethe-Gesamtausgabe nachschlagen!

Die großen Staats- und Universitätsbibliotheken bieten über die fulminante Büchersuche hinaus – die digital in der Regel mit einem Programm namens OPAC (Online Public Access Catalogue) funktioniert – häufig einen enormen Fundus an Originalquellen, Scans von alten Büchern und Handschriften und viele Zusatzinformationen. Gute Anlaufstellen sind hier die Münchner Staatsbibliothek [www.bsb-muenchen.de] oder die Göttinger Universitätsbibliothek [www.sub.uni-goettingen.de], die beispielsweise in bester Auflösung Scans der berühmten Gutenberg-Bibel, des ersten gedruckten Buchs, bereithält. Aus internationaler Perspektive ist die Webseite der Library of Congress in Washington erste Wahl [www.loc.gov].

Ein Wiki, das besonders wertvoll für Leute sein kann, die im

D Jenseits von Google

Bereich Kunst und Kulturwissenschaft recherchieren, ist MONOSKOP.ORG. Einträge aus diesen Themenfeldern werden auch nach Ländern, Städten oder Theorieansätzen aufgeschlüsselt. Die erste Fassung wurde bereits im Jahr 2006 in Prag vorgestellt. Ein Follow-up zu MONOSKOP ist die Website REMAKE, die sich mit Medienkunst in kollaborativen Umgebungen beschäftigt.

[Abb. C09: Kulturwiki MONOSKOP]

Personensuche

Es gibt verschiedene Dienste im Internet, die nach Personen suchen können. In der Regel sammeln Dienste wie YASNI.DE oder 123PEOPLE.DE Informationen zu bestimmten Namen aus externen Quellen und sind darum eigentlich auch nichts anderes als Metasuchmaschinen oder Metacrawler.

Bei personenbezogenen Informationen aus Personensuchmaschinen benötigt man stets eine zweite Quelle. Schließlich ist die Verwechslungsgefahr groß, gerade bei beliebten und häufig vorkommenden Namen wie „Markus Müller".

Die Website NAMECHK.COM sucht nach Nutzernamen in einer Vielzahl sozialer Netzwerke. Was ursprünglich vielleicht dazu gedacht war, seinen Wunschnamen als Alias in einem Social Network verwenden zu können, kann heute auch zur Personenrecherche eingesetzt werden.

Im journalistischen Alltag ist oft wichtig, wer einem über eine bestimmte Person etwas erzählen kann. Hier sind im Internet Dienste wie STAYFRIENDS.DE hilfreich. STAYFRIENDS will eigentlich dazu da sein, ehemalige Klassenkameraden aus Schulzeiten wiederzufinden. Aber das sind natürlich oft genau die Personen, die besonders intime Details aus der Vergangenheit kennen. Für Journalisten eine unerschöpfliche Quelle.

Tipp: Freund bleiben hilft beim Freunde finden

Freundschaftsnetzwerke wie STAYFRIENDS.DE kontrollieren häufig die Richtigkeit der Angaben nicht. Man kann sich also im Prinzip als Schüler jeder beliebigen Klasse in jeder beliebigen deutschen Schule ausgeben, und schon kommt man an die Daten der Schulfreunde einer Zielperson heran!

Personen, Telefonnummern und Adressen lassen sich häufig nach wie vor sehr gut über TELEFONBUCH.DE recherchieren. Interessanter ist es aber mittlerweile oft, die E-Mail-Adressen zu erfahren, die bei der Telekom als Betreiber von TELEFONBUCH.DE zumeist nicht hinterlegt sind. E-Mail-Adressen werden in

D Jenseits von Google

Deutschland nicht registriert. Dazu ist es auch viel zu einfach, sich über die vielen kostenlosen Provider neue E-Mail-Adressen zuzulegen. Die Tochterfirma DeTeMedien bietet aber unter EMAIL-VERZEICHNIS.DE einen Suchdienst eigens zu diesem Zweck an. WHOWHERE.COM ist ein englischsprachiger Dienst, der aber auch deutsche E-Mail-Adressen finden kann.

Lokale Informationen

Wirklich spannende Geschichten spielen bekanntlich zuhause. Wer also wirklich spannende Informationen recherchieren will, ist auf lokale Informationen angewiesen. Wie vormals in der analogen Welt ist auch im Internet GELBESEITEN.DE eine gute Adresse (ähnlich sind YELLOWWEB.DE oder KLICKTEL.DE). Die lokale Suche von YAHOO [de.local.yahoo.com] hat sich ganz auf regionale Information verlegt. SUCHEN.DE ist eine deutsche Suchmaschine, die sich auf die lokale Suche spezialisiert hat. Ganz auf die Suche nach regionalen Dienstleistern konzentriert ist die Suchmaschine KENNSTDUEINEN.DE. Die Website ONLINESTREET.DE basiert auf Nutzervorschlägen und bietet neben einem Webkatalog auch ein Straßenverzeichnis und Informationen zu Bankleit- und Postleitzahlen. Ein klassischer Webkatalog, der Informationen auf Länder- und Städteebene auflistet, ist DASVERZEICHNIS.DE. Einige auf die lokale Suche spezialisierte Search Engines wie NEOMO.DE oder FINDO.DE haben mittlerweile aufgegeben oder sich umfirmiert: Die Marktmacht von GOOGLE & Co. ist offenbar zu groß, um als Suchmaschinenanbieter kommerziell bestehen zu können. Journalistisch ist das durchaus bedauerlich (Haarkötter 2013: 96 ff.).

Tags Suchmaschinenalternativen Social Media

Tipp: Global denken, lokal recherchieren

Wenn es um Kommunalpolitik geht, kommt der Journalist nicht um Stadt- und Gemeindeverwaltungen herum. Der Deutsche Städtetag hat auf seiner Webseite eine Liste aller seiner Mitgliedskommunen inkl. Internetadressen erstellt:

www.staedtetag.de/mitglieder/index.html

Informationen und Ansprechpartner erster Klasse findet man natürlich auch bei den Kollegen der 347 Tageszeitungen, die es in Deutschland gibt. Eine Liste aller Zeitungen nebst ihrem Internetauftritt hat der Bund der Deutschen Zeitungsverleger (BDZV) veröffentlicht:

www.bdzv.de/zeitungen-online/zeitungswebsites/

Auf Bundesland- und Regionalebene gibt es einige Informationsanbieter, die in ihrem Bereich weiterhelfen können. Dazu zählen:

baylink.de (für den Freistaat Bayern)
der-dalles.de (für Hessen und die Rhein-Main-Region)
Hamburg-web.de
mecksuche.de (für Mecklenburg-Vorpommern)
nrw-suchmaschine.de
ruhrlink.de
thueringen-suchmaschine.de

Ökologisch suchen

Nachhaltigkeit ist auch in Medienhäusern und im Journalismus mittlerweile ein Thema. Darum haben sich Programmierer von Suchmaschinen Gedanken gemacht, wie die Internetsuche ökologischer gestaltet werden könnte. ECOSIA.ORG verspricht

D Jenseits von Google

ökologisches Surfen. Die Einnahmen von ECOSIA, das sich als „social business" versteht, werden für den Schutz der Regenwälder gespendet. ECOSIA wird dabei von BING, der Suchmaschine von MICROSOFT, und YAHOO! unterstützt.
Suchmaschinen haben einen relativ hohen Primärenergiebedarf, denn die großen Serverparks mit ihren gigantischen Speicherplätzen sind natürlich erst mal große Energieverschwender. Die Firmen GOOGLE und FACEBOOK bauen ihre neuen Rechenzentren in Europa darum nördlich des Polarkreises, weil dort weniger Energie für die Kühlung und Klimatisierung benötigt wird.

[Abb. C10: Ökologisch suchen mit ECOSIA]

Tags Suchmaschinenalternativen Social Media

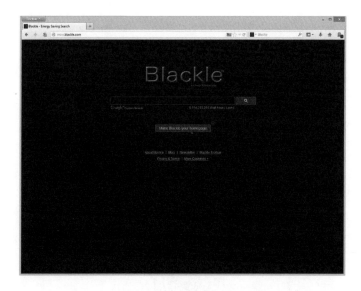

[Abb. C11: Suchen bis einem schwarz vor Augen wird: BLACK-
LE]

Die Suchmaschine BLACKLE.COM greift auf die SEARCH ENGINE von
GOOGLE zurück, das aber vor einem schwarzen Hintergrund.
Bedenkend, dass die Suchseite eine der meistbesuchten Seiten
im Internet ist, lässt sich der Stromverbrauch im Sinne der
„green IT" von Laptops dadurch beachtlich senken. Noch ein
letzter Tipp: Drastische Energieeinsparung erreicht man, wenn
man an dieser Stelle mal den PC ausschaltet und die Recherchen in der Eisdiele um die Ecke fortsetzt …

3 Recherchieren in sozialen Netzwerken

Social-Media-Suche allgemein

Ein nicht unbedeutender Teil der Internetkommunikation findet mittlerweile in sozialen Netzwerken wie FACEBOOK oder XING, TWITTER oder LINKEDIN statt. Nach einer Umfrage von NEWS AKTUELL, einer DPA-Tochter, recherchieren mehr als 40 Prozent der Journalisten in sozialen Netzwerken, um Informationen zu finden (⌕News Aktuell 2012). Hier finden sich nicht nur brandaktuelle Informationen (der Zugriff auf Osama Bin Laden durch US-Militärs wurde zuerst über twitter gemeldet). Es finden sich auch Interviewpartner und Informanten zu investigativen Themen. Um in diesen sozialen Netzwerken professionell recherchieren zu können, ist es nötig, dass man dort einen Account hat. In den meisten Diensten lassen sich solche Accounts aber auch anonymisiert anlegen beziehungsweise man kann dort statt mit dem Klarnamen unter Pseudonym auftreten.

Es gibt einige Internetdienste, die sich darauf spezialisiert haben, Social Media durchsuchbar zu machen. Dazu zählen SOCIALMENTION.COM, KGBPEOPLE.COM oder WHOSTALKIN.COM.

PLURAGRAPH.DE ist eine Plattform für Social-Media-Benchmarking und Social-Media-Analyse im nicht kommerziellen Bereich. Ziel ist eine möglichst vollständige Auflistung der Social-Media-Aktivitäten von gemeinnützigen Organisationen, Politik, Kultur und Verwaltung. PLURAGRAPH bezieht sich auf Organisationen und Personen im deutschsprachigen Raum, also u. a. in Deutschland, Österreich, der Schweiz, Liechtenstein und Luxemburg. Die Rankings, die PLURAGRAPH erstellt, basieren auf der Zahl der Fans oder Follower, die eine Social-Media-Seite hat.

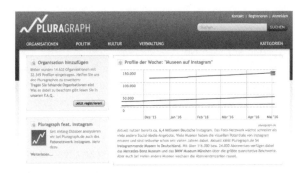

[Abb. C12 PLURAGRAPH.DE]

In Facebook recherchieren
Das im Jahr 2004 als studentisches Projekt an der Harvard University gestartete FACEBOOK ist heute, selbst wenn man Superlativen äußerst skeptisch gegenübersteht, das größte Kommunikationsnetzwerk, das es in der Geschichte jemals gegeben hat. Potenziell kann man über FACEBOOK mit mehr als 1,6 Milliarden Menschen direkt in Kontakt treten. Diese Zahl ist allerdings, wie viele von Computerfirmen veröffentlichte Zahlen, mit Vorsicht zu genießen und eher als Marketing-Gag anzusehen: Denn in Wahrheit kann man sich über FACEBOOK lediglich mit 5.000 anderen Menschen „anfreunden", danach ist Schluss.

D Jenseits von Google

Grundsätzlich dienen die Social Media journalistisch zu zwei unterschiedlichen Zwecken:
1. *um ein eigenes Netzwerk aufzubauen:*
   also mit Quellen in Kontakt bleiben, auf eigene Veröffentlichungen hinweisen und die Aktivitäten der anderen verfolgen;
2. *um Informationen von anderen zu finden:*
   dazu zählen neben Postings auch Kommentare, Mediendaten (also Bilder, Videos etc.) und Kontaktdaten.

Der erste Anlaufpunkt für eine Recherche ist die Suchleiste von FACEBOOK selbst. Hier kann man nicht nur nach Namen anderer Nutzer suchen, sondern auch nach Orten oder den sogenannten Hashtags. Hashtags sind die ursprünglich aus TWITTER bekannten Themen- oder Schlüsselbegriffe, die mit dem #-Zeichen markiert werden und die auch FACEBOOK im Jahr 2013 übernommen hat.

[Abb. C13: Die einfache FACEBOOK-Suchleiste]

Für englischsprachige Nutzer hat FACEBOOK die eigene Suchfunktion erheblich aufgerüstet. GRAPHSEARCH heißt das Werkzeug jetzt und erlaubt es, auch die Fotosammlungen anderer Benutzer, Kommentare und Likes zu durchsuchen. Auf Deutsch steht diese Erweiterung noch nicht zur Verfügung. Aber wer in den Kontoeinstellungen die Sprache auf „english (US)" einstellt, kann GRAPHSEARCH auch hierzulande.

Tags Suchmaschinenalternativen Social Media

[Abb. C14: FACEBOOK GRAPHSEARCH, momentan nur auf Englisch]

Über den FACEBOOK-Auftritt von Personen, mit denen man auf FACEBOOK nicht befreundet ist und die ihre FACEBOOK-Profilseite („Timeline") nicht öffentlich gestellt haben, kann man trotzdem allerhand erfahren. Dazu benutzt man in einer Suchmaschine wie GOOGLE den Operator [site:facebook.com], gefolgt von dem betreffenden Nutzernamen. Auf diese Weise kann man Kommentare und auch Postings von Usern finden, die irrigerweise glauben, auf FACEBOOK nicht öffentlich unterwegs zu sein. FACEBOOK selbst stellt auch einige interessante Informationen zur Verfügung: Klickt man auf Fan-Seiten, die z. B. viele Medien gerne als FACEBOOK-Auftritt nutzen, auf den Button über den „Gefällt mir"-Angaben, erhält man viele Informationen über die Nutzung dieser Seite. Wer statistische Daten über den eigenen FACEBOOK-Auftritt erhalten möchte, gibt die URL www.facebook.com/insights ein. Es ist auch möglich, (fast) alle eigenen Nutzerdaten, also Freundesliste, alte Postings, hochgeladene Bilder und Ähnliches, herunterzuladen. Dazu

D Jenseits von Google

geht man in FACEBOOK in die „Kontoeinstellungen" und findet dort die klickbare Zeile „Lade eine Kopie deiner FACEBOOK-Daten herunter". Was man allerdings aus dieser Kopie nicht ersehen kann, ist z. B., welche Like-Buttons man geklickt hat oder welche Apps welche Daten von FACEBOOK erhalten haben (⌨Wiese 2012). Es gibt auch externe Anwendungen wie z. B. das Plug-in Archive FACEBOOK für den Internetbrowser FIREFOX. Allerdings ist es laut den Nutzungsbedingungen von FACEBOOK verboten, dass externe Anwendungen auf den Datenbestand zurückgreifen.

Recherchieren auf TWITTER

Gerade der Kurznachrichtendienst TWITTER erfreut sich unter Journalisten großer Beliebtheit: Der schnelle und bündige Zugriff auf eine häufig zeitnahe Information hat sich als Themen- und Story-Fundgrube erwiesen. Twitter funktioniert dabei fast wie ein Nachrichtenticker: Die Tweets sind chronologisch, ungefiltert, direkt, lassen sich thematisch sortieren und erscheinen in Echtzeit. Die Notwasserung eines Jumbojets im Hudsonriver, die Hinrichtung Ossama bin Ladens oder die Präsidentschaftskandidatur von Hilary Clinton sind zuerst über Twitter bekannt geworden.

Während des „Arabischen Frühlings" und der zumeist friedlichen Revolutionen in Algerien, Tunesien oder Ägypten spielte TWITTER sowohl in der internen Kommunikation der politischen Opposition wie in der Information einer internationalen Öffentlichkeit eine nicht zu unterschätzende Rolle (Hermann 2011: 19). Wichtig ist gerade hier die Verifikation von Information und Informant. Idealerweise hat man mit einer personalen Quelle auf TWITTER auch in der Lebenswelt Kontakt und damit einen weiteren Rückkanal für Nachfragen. Hilfreich kann bei der Verifikation einer TWITTER-Quelle auch ein Werkzeug wie

Tags Suchmaschinenalternativen Social Media

GEOCHIRP.COM sein. Auf dieser Website kann man Twitterer und deren Tweets in einer bestimmten Region suchen. Es kann aber auch dazu dienen, zu überprüfen, ob der Verfasser eines Tweets wirklich aus der Gegend stammt, aus der er es behauptet.
Die Suchzeile von TWITTER lässt nach anderen Nutzern, Orten, Tweets und Hashtags suchen. Möchte man seine Suche noch verfeinern, bietet der Kurznachrichtendienst eine erweiterte Suche unter der Adresse [https://twitter.com/search-advanced] an. Hier kann man, ähnlich wie in der erweiterten Suche von GOOGLE, Keywords und Hashtags näher bestimmen, Standorte definieren oder festlegen, ob Re-Tweets mit einbezogen werden sollen oder nicht. Die Hashtags selbst sind dabei eine erstklassige Recherchehilfe: Unter Hashtag versteht man bei Twitter eine Verschlagwortung im Fließtext. Gekennzeichnet werden diese Schlagwörter durch das vorangestellte Doppelkreuz (#). Mithilfe des Hashtags lassen sich in kürzester Zeit Tweets zu ein und demselben Thema von sehr vielen unterschiedlichen Leuten finden.
Im Suchergebnisfenster von Twitter lassen sich die Treffer weiter eingrenzen. Es lässt sich bestimmen, ob nur nach bestimmten Account, nur nach Fotos oder Videos, nur nach Nachrichten oder nur nach Leuten, mit denen man selbst in Kontakt steht, suchen will.
Man kann auch einfach Listen erstellen, in denen man thematisch zusammengehörende Twitterer vereint. Auf diese Weise lassen sich relativ schnell Tweets nur von bestimmten Politikern oder Experten überblicken. Der Twitter-Account Twiplomacy verfolgt ausschließlich die Twitter-Aktivitäten von von Regierungen und internationalen Organisationen. Auf diese Weise wurde beispielsweise schon reger Nachrichtenverkehr zwischen den USA und Cuba festgestellt zwei Monate, bevor

D Jenseits von Google

offiziell die Kontake bestätigt wurden.

Ein von Journalisten gern genutztes Programm ist das TWEET-DECK. Es handelt sich dabei letztlich um ein neues Frontend für den Kurznachrichtendienst, das einen großen Vorteil bietet: Man kann Kolumnen mit den Updates von Nachrichten, Aktivitäten, Followern oder den Tweets anderer Nutzer nebeneinander und gleichzeitig laufen lassen. Auf diese Weise lässt sich TWEETDECK zum persönlichen Nachrichten-Ticker ausbauen.

[Abb. C15: TWEETDECK als persönlicher Nachrichten-Ticker]

TAME.IT ist ein neuer Dienst des Berliner Start-ups Tazaldoo, das als Suchmaschine für TWITTER-Nachrichten dient. Es lässt sich nach Hashtags, Links und nach Tweeps (Twitter People) suchen. BACKTWEETS.COM hat sich als Suchmaschine für Links innerhalb von Tweets etabliert. TWELLOW.COM möchte so etwas wie die „Gelben Seiten" für TWITTER werden: Suchergebnisse werden nach der Zahl der Follower gelistet.

TWITTER ist, mit einem Wort des britischen Forschers Alfred Hermida, ein „awareness system", also ein Bewusstmachungs- oder Wahrnehmungssystem, und liefert eine Art „Para-Journalismus" (⌁Hermida 2009: 2). Die Vielfalt von Meinungen, die sich zu einzelnen Themen auf TWITTER versammelt findet, legt den Versuch nahe, den Dienst in der Meinungsforschung einzusetzen. Kommunikationsforscher der Rutgers University in New Jersey haben ein Social Media Information Lab gegründet. Dort haben sie VOX CIVITAS entwickelt, ein webbasiertes Programm, das Tweets nach bestimmten Hashtags oder Keywords statistisch analysiert, um Themenkarrieren nachzuzeichnen. Das Programm führt aber auch semantische Gefühls-Analysen durch und kann dadurch prozentual angeben, ob die Stimmung für ein Thema positiv oder negativ ausfällt [http://sm.rutgers.edu/vox/event/]. In kleinerem Maße leistet die Website TWEETSTATS.COM Ähnliches: Sie liefert für einen Twitterer die Nutzer, mit denen er sich besonders häufig austauscht – und auch die Hashtags der wichtigsten Themen.

D Jenseits von Google

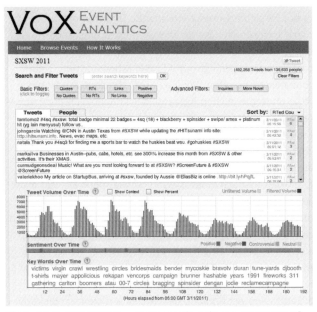

[Abb. C16: VOX CIVITAS – Meinungsforschung mit TWITTER]

Der TWXPLORER [https://twxplorer.knightlab.com] ist eine Entwicklung der Knight Labs an der Northwestern University in Illinois/USA. Es ist speziell für Journalisten entwickelt worden, um die Twitterrecherche effektiver zu machen. Über die normale Twittersuche hinaus kann der TWXPLORER in Tweets nach den meistgenutzten Begriffen, Links oder Hashtags suchen. Auf diese Weise lässt sich auch unerwarteter Inhalt aufspüren und Diskussionen auf einer tieferen semantischen Ebene verfolgen.

Tags Suchmaschinenalternativen Social Media

Die Blogosphäre journalistisch nutzen

Blogs haben sich als ernstzunehmende Informationsquelle etabliert. Ursprünglich als Onlinetagebücher entstanden (Weblog: Internettagebuch), sind sie heute eine der prototypischen neuen Darstellungs- und Präsentationsformen. Neben den unzähligen privaten Blogs zu auch abgelegenen Hobbys und den unvermeidlichen Katzenbildern haben sich auch seriöse Kanäle der Informationsweitergabe gebildet. In Deutschland soll es mehr als 1,3 Millionen Blogs geben, von denen 72.000 sehr aktiv sind, d.h. im Schnitt 11,5 Blogbeiträge pro Monat verfassen (vgl. ⚘Illtgen 2013, ⚘Buggisch 2016). Weltweit gibt es nach einer Nielsen-Studie mehr als 180 Millionen Blogs (⚘Nielsen 2012).

Es gibt einige Dienste, die sich ganz darauf spezialisiert haben, Inhalte in der Blogosphäre zu finden: BLOGALM.DE, BLOGGEREI.DE oder BLOGGERALARM.COM sind Blogverzeichnisse, die zu nichts anderem da sind. Der Blogdienst RIVVA.DE arbeitet etwas anders: Er analysiert Zitate und Verlinkungen aus Blogs und kann damit eine Art Ranking der aktuell am meisten diskutierten Blogartikel erstellen. Auf diese Weise kann RIVVA auch Querverweise zwischen Blogs herstellen.

Legt RIVVA einen Schwerpunkt auf die Bewertung von Blogs, so fungieren andere Dienste eher als News-Aggregatoren für Nachrichten aus den sozialen Medien. Im deutschsprachigen Raum ist das etwa 10000FLIES.DE. Aus einer Liste von mehreren tausend Nachrichtenseiten und Blogs werden hier täglich die fünfzig meistgeklickten aus dem Fliegenschwarm der Social Media herausgefiltert. Man kann aber – und das macht 10000FLIES zu einer echten Blog-Suchmaschine – nach eigenen Kriterien und in einem frei wählbaren Zeitraum filtern. Ähnliches leistet auch VIRATO.DE: Die Website stellt die virale Verbreitung von Themen besonders aus den Bereichen Kultur,

Sport, Politik und Wirtschaft dar. Man kann Zeiträume selbst festlegen und bestimmen, ob nur Blogs oder z. B. nur Nachrichtenportale abgefragt werden sollen. Hinter der Nachrichtenauswahl von FILTR.DE steckt kein Algorithmus, sondern echte redaktionelle Arbeit: Vor allem zu Themen aus dem Technikbereich werden hier im Stundentakt Postings und aktuelle News gesammelt.

10000 FLIES
» www.10000flies.de/

Der vermutlich erfolgreichste Social-News-Aggregator im englischsprachigen Raum ist REDDIT.COM. Hier bestimmen die Nutzer aktiv über das Ranking der Themen: Mit Pfeilsymbolen lässt jede Nachricht sich ständig höher- oder niedrigerstufen. Monatlich beteiligen sich auf der REDDIT-Website mehr als 100 Millionen Besucher an den Abstimmungen, und damit dreimal so viele, wie NEW YORK TIMES ONLINE an Lesern besitzt (vgl. Tanriverdi 2014).

Einen interessanten Service bietet auch SUEDDEUTSCHE.DE: In einer eigenen „Presseschau" werden die von FACEBOOK- und TWITTER-Nutzern meistempfohlenen Artikel von Onlineredaktionen erfasst, darunter ZEIT ONLINE, SPIEGEL ONLINE, THE NEW YORK TIMES und THE GUARDIAN. Das Angebot ist erreichbar unter: www.sueddeutsche.de/app/facebook-twitter-presseschau.

Literatur & Links

Es gibt nicht sehr viel brauchbare Literatur für Journalisten in Bezug auf soziale Netzwerke.

Tags Suchmaschinenalternativen Social Media

Hier ein paar Titel zum Weiterlesen:

Stefan Primps (2016): *Social Media für Journalisten. Redaktionell arbeiten mit Facebook, Twitter & Co.* Wiesbaden.

Etwas älter, aber auch einen Blick wert:

Manuel Ziegler (2012): *Facebook, Twitter & Co. – Aber sicher! Gefahrlos unterwegs in sozialen Netzwerken*. München.

In kritischer Perspektive, mit Hintergrundinformationen zu den wirtschaftlichen Verflechtungen:

Sascha Adamek (2011): *Die Facebook-Falle. Wie das soziale Netzwerk unser Leben verkauft.* München.

E OBERWASSER IM DATENMEER

1 Zum Begriff Datenjournalismus

Manche Recherchen beginnen mit einer einfachen Frage. So fragten sich Reporter der Wochenzeitung DIE ZEIT, in welchen Landkreisen in Deutschland es eigentlich die meisten Schusswaffen gibt. Beim Versuch, das in Erfahrung zu bringen, merken sie, dass das niemand so genau weiß, „und die einzige Behörde, die die Daten haben könnte, rückt sie nicht heraus" (⌁Wiedemann-Schmidt 2014). Zwar müssen seit Januar 2013 alle Städte und Kreise die in ihrer Region registrierten Waffenbesitzer an das Nationale Waffenregister (NWR) beim Bundesverwaltungsamt in Köln melden. Allerdings haben manche Landkreise genau eine Meldebehörde, andere aber derer zehn, insgesamt gibt es darum in Deutschland gut 550 Waffenbehörden. Und das Bundesverwaltungsamt wollte den ZEIT-Rechercheuren die gesammelten Daten selbst unter Berufung auf das Informationsfreiheitsgesetz (mehr dazu im folgenden Kap. 9) nicht herausrücken. Was folgt, ist journalistische Kernerarbeit: Die ZEIT-Journalisten fragen von Bundesland zu Bundesland und von Landratsamt zu Landratsamt jede entsprechende Behörde einzeln ab. Zwei Monate Recherchearbeit, um am Ende eine interaktive Karte erstellen zu können, die Deutschland als Waffenland zeigt: Detailliert ist die regionale Verteilung legaler Pistolen, Revolver und Gewehre sichtbar. Verschiedene Folgerungen können aus diesem Datenmaterial

Tags Datenjournalismus Datenbanken Hidden Web

gezogen werden: Die ZEIT-Rechercheure haben herausgefunden, dass mindestens 27 Menschen im Jahr 2013 durch legale Schusswaffen ums Leben kamen – Selbstmorde ausgenommen. 27 weitere Tötungen erfolgten durch Waffen, die entweder illegal waren oder deren Herkunft unbekannt war. Die Hälfte der Schusswaffentoten in Deutschland war also Opfer legaler Waffen. Eine weitere überraschende Erkenntnis: Der Landkreis mit der höchsten legalen Schusswaffendichte in Deutschland ist ausgerechnet Lüchow-Dannenberg, wo auch das Atommülllager Gorleben liegt.

Was die ZEIT-Journalisten in diesem Fall betrieben haben, ist Datenjournalismus. Dieser Datenjournalismus, der seit Kurzem

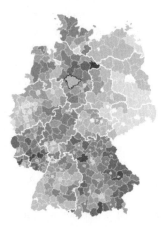

[Abb. D01: ZEIT-Grafik Schusswaffen in Deutschland]

E Oberwasser im Datenmeer

im Journalismus fast schon modisch zitiert wird, ist einerseits die logische Konsequenz des *Information Overload*: Die Informationsmassen, die ein Journalist heute zu bewältigen hat, können so enorm sein, dass an eine traditionelle Herangehensweise, also z. B. das schlichte Lesen von Quellen und Dokumenten, nicht mehr zu denken ist. Es herrscht eine neue Form von *Informationsasymmetrie*, bei der Daten längst nicht mehr mit der Geschwindigkeit verarbeitet werden können, mit der sie eingehen. Andererseits offeriert dieser Datenjournalismus auch die Möglichkeit, an neue Erkenntnisse zu gelangen, die anders gar nicht zu erzielen wären. Das zeigt beispielhaft DIE ZEIT-Story zum Waffenland Deutschland: Was die ZEIT-Rechercheure herausgefunden haben, war selbst den deutschen Behörden nicht bekannt. „Einst waren Informationen rar und der größte Teil unserer Anstrengungen fiel darauf, sie zu jagen und zu sammeln", erklärt Phil Meyer, einer der Mitbegründer dieser Journalismusrichtung. „Jetzt, wo Information im Überfluss da ist, geht es mehr darum, sie zu verarbeiten" (zit. n. Gray u. a. 2012: 6; übers. H. H.).

Der *Datenjournalismus* oder englisch „Data Driven Journalism" wird oft auch synonym mit dem Begriff „Computer Assisted Reporting" verwendet. Als Geburtsjahr wird häufig das Jahr 1952 angegeben. In diesem Jahr nutzte der private US-amerikanische Fernsehsender CBS einen Großrechner, um Voraussagen für die Präsidentschaftswahlen errechnen zu können (Houston 2004: 5). Prognostiziert worden war von allen Auguren des politischen Systems ein Kopf-an-Kopf-Rennen zwischen Dwight Eisenhower und seinem Gegenkandidaten Adlai Stevenson. Walter Cronkite, der Washington-Korrespondent von CBS NEWS, nutzte einen Computer des Typs „Remington Rand UNIVAC", um auf der Basis von Umfragen eine Wahlprognose abzugeben. Der Computer ermittelte allerdings, an-

Tags Datenjournalismus Datenbanken Hidden Web

ders als alle anderen Voraussagen, einen Erdrutschsieg für Eisenhower. CBS wagte erst nicht, dieses Ergebnis zu veröffentlichen, und machte sich sogar öffentlich lächerlich, als die Prognose doch über den Sender ging – um anschließend Recht zu behalten. Seitdem ist der Einsatz von Prognosen gerade in der Wahlberichterstattung nicht mehr wegzudenken (↺Cox 2000: 6; ↺Garrison 1999).

In Deutschland war es vor allem die Kommunikationswissenschaftlerin Elisabeth Noelle-Neumann, die die Methoden der empirischen Sozialforschung eingeführt hat. Noelle-Neumann war bereits in den Jahren 1937/38 als Stipendiatin in den USA und machte sich dort mit der neu entstandenen Wissenschaft der Demoskopie vertraut. 1947 gründete sie das INSTITUT FÜR DEMOSKOPIE ALLENSBACH, das neben Marktforschung vor allem mit Bundestagswahlprognosen auf sich aufmerksam machte. Diese mithilfe von Computern errechneten demoskopischen Voraussagen wurden vor allem von den öffentlich-rechtlichen Rundfunkanstalten in Auftrag gegeben, sodass man diese als die Vorreiter des Computer Assisted Reporting in Deutschland bezeichnen kann.

Systematisch ausgebaut zu einem journalistischen Handwerkszeug wurde der Datenjournalismus dann in den 1960er-Jahren von Journalisten wie Phil Meyer mit seinem „Präzisionsjournalismus" (vgl. oben, Kap. 1). Meyer war auch der erste, der die fünf Grundregeln der Datenrecherche aufgestellt hat (Meyer 2002: 7). In der Fassung von Paul Bradshaws ONLINE-JOURNALISM-BLOG [https://onlinejournalismblog.com/] werden diese Regeln gerne als die „Umgekehrte Pyramide des Datenjournalismus" wiedergegeben (↺Bradshaw 2011):

E Oberwasser im Datenmeer

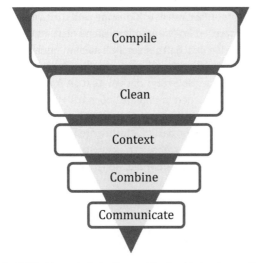

[Abb. D02: Umgekehrte Pyramide des Datenjournalismus]

Daten müssen zuerst recherchiert und gesammelt werden (*Compile*). Dann müssen sie „gesäubert", also aufgeräumt und in Form gebracht werden, also z. B. von einem Webformular in das Tabellenprogramm *Excel* oder eine andere Auswertungssoftware übertragen werden (*Clean*). Hierauf müssen die Daten überprüft werden. Denn wie jede andere Informationsquelle auch müssen Daten (gerade solche aus dem Internet) nicht vertrauenswürdig sein. Wichtig ist darüber hinaus, zu einem Datensatz stets auch das Codebuch zu erhalten. Wenn beispielsweise bei demographischen Daten das weibliche Geschlecht den Zahlenwert 1 und das männliche 2 erhält, bleibt der Datensatz unverständlich, wenn das dazugehörige „Wörterbuch" nicht mitgeliefert wird (*Context*). Nun

Tags Datenjournalismus Datenbanken Hidden Web

können die Daten ausgewertet, die nötigen Schlüsse gezogen und diese veröffentlicht werden (*Combine* und *Communicate*). Informationen werden im Datenjournalismus nicht nur auf eine neue Art und Weise beschafft, sie sollen auch in neuartiger Form dargestellt werden. Der Datenjournalismus folgt damit den Ideen von Adrian Holovaty, dessen Text „A fundamental way newspaper sites need to change" auch als Manifest des Computer Assisted Reporting gilt (Holovaty 2006). Nach Holovaty geht es nicht mehr darum, Nachrichten statt auf gedrucktem Papier nun auf Webseiten oder Smartphones darzustellen. Da Informationen, aus denen Journalisten ihre Geschichten spinnen, heute als strukturierte Daten vorliegen, müssen sie auch adäquat präsentiert werden:

> *„Nehmen wir mal an, eine Zeitung hat einen Bericht über ein lokales Feuer veröffentlicht. Diesen Bericht auch auf dem Handy lesen zu können, ist nett und praktisch. Hurra, Technologie! Aber was ich wirklich möchte, ist, die Rohdaten dieser Geschichte einsehen zu können, eins nach dem anderen auf verschiedenen Ebenen, und ich brauche eine Infrastruktur, um alle Details in Beziehung setzen zu können: Datum, Uhrzeit, Ort, Opfer, Notrufnummer, Entfernung von der Feuerwache, Name und Dienstjahre der Feuerwehrleute, die Zeitspanne, innerhalb derer die Feuerwehr ankam – zusammen mit den Informationen vorangegangener Brände. Und der zukünftigen, wann immer sie sich ereignen werden" (ebd.).*

Holovaty hat auch selbst vorgemacht, wie er sich das vorstellt: Der Journalist und Webentwickler gründete 2005 CHICAGOCRIME.ORG, eine News-Website, auf der er Daten des Chicago Police Department in GOOGLE MAPS übertrug. Daraus entwickelte sich die preisgekrönte Webseite EVERYBLOCK, ein frühes Beispiel für hyperlokalen Journalismus: Nachrichten aus der Nachbarschaft waren hier kombiniert mit offiziellen kommunalen Daten und einem Forum. Eine Grundvoraussetzung für diese wie für jede Form von Datenjournalismus ist, dass Daten überhaupt öffentlich zur Verfügung stehen. Dafür setzt sich insbesondere die Open-Data-Bewegung ein, die eng mit dem Datenjournalismus verflochten ist.

2 Die Open-Data-Bewegung

Die Open-Data-Bewegung setzt sich dafür ein, grundsätzlich Datenbestände öffentlich zu machen. Das bezieht ausdrücklich auch copyrightgeschützte Daten ein, was der Bewegung auch Kritik eingebracht hat. Die Open-Data-Bewegung geht davon aus, dass es grundsätzlich demokratiefördernd ist, wenn Daten öffentlich sind (Barnickel/Klessmann 2012: 148). Entsprechend plädiert man insbesondere für *Open Government*, also die Publikationspflicht für alle Daten, die mit Regierungs- und Verwaltungshandeln in Zusammenhang stehen (Hilgers 2012: 631).
Im angloamerikanischen Raum ist diese Form des Computer Assisted Reporting auch deswegen dem deutschen Sprachraum um Jahre, wenn nicht Jahrzehnte voraus, weil dort andere Vorstellungen von Datensicherheit, Datenschutz und dem „Amtsgeheimnis" herrschen. Vorreiter der Open-Data-Bewegung waren die USA. Nach seiner ersten Wahl war es eine von Präsident Barack Obamas ersten Amtshandlungen, die Datenschätze der US-Regierung unter der Adresse http://data.gov frei zugänglich zu machen. Über tausend Datensätze mit Wetteraufzeichnungen und zu Energie, Umwelt und Ressourcenverbrauch, aber auch Datenmaterial der NASA stehen seitdem online. Auch die britische Regierung hat seit

Tags Datenjournalismus Datenbanken Hidden Web

dem Jahr 2009 unter der Internetadresse http://data.gov.uk mehrere tausend nicht personenbezogene Datensätze veröffentlicht. Die britische Zeitung THE GUARDIAN ist einer der Vorreiter in Sachen Datenjournalismus. Im Datablog der Zeitung [www.guardian.co.uk/news/datablog] können die neuesten Tendenzen des Computer Assisted Reporting verfolgt werden. In der US-amerikanischen Journalistenausbildung hat das Computer Assisted Reporting längst einen festen Platz. Hier heißen die drei Säulen des Journalismus: „people, paper, data" (⁰Söfjer 2010). Was man in den Vereinigten Staaten schon früher erkannt hat: Daten sind das „neue Öl", oder besser: Rohöl, wie der amerikanische Marketingmanager Michael Palmer schon 2006 postulierte (⁰Palmer 2006). Wie Rohöl müssen Rohdaten durch die journalistischen Raffinerien, um zu Informationstreibstoff zu werden.

Seit in Ansätzen Informationsfreiheit herrscht, hat der Datenjournalismus auch in Deutschland Fahrt aufgenommen. 2007 gründete sich bei der DEUTSCHEN PRESSEAGENTUR (DPA) die erste rein datenjournalistische Redaktion namens REGIODATA, die sich komplett auf die Recherche und Visualisierung großer Datenmengen spezialisiert hatte. Lokalzeitungen wurden von dieser Redaktion gezielt mit Infografiken beliefert, die Datensätze von Landkreisen, Raumordnungsregionen oder Arbeitsamtbezirken auswerteten. Auch die Wochenzeitungen DIE ZEIT [http://blog.zeit.de/open-data] und FREITAG [www.freitag.de/autoren/datenblog], das Nachrichtenmagazin DER SPIEGEL [www.spiegel.de/thema/daten] und die alternative TAGESZEITUNG [blogs.taz.de/open-data] haben mittlerweile Datenredaktionen und betreiben im Internet Datenblogs, in denen sie von ihren neuesten Recherchen berichten.

E Oberwasser im Datenmeer

Tipp: Open-Data-Portale
Das Datenportal für Deutschland:
https://www.govdata.de/
Der Open-Data-Service von Baden-Württemberg:
www.daten.rlp.de/
Das Open-Data-Portal des Freistaats Bayern:
www.opendata.bayern.de/
Open-Data-Portal des Landes Berlin:
http://daten.berlin.de/
Das Open-Data-Portal der Hansestadt Hamburg:
http://daten.hamburg.de/
Das Open-Government-Data-Portal von Rheinland-Pfalz:
www.daten.rlp.de/
Das Offene Daten-Portal der Republik Österreich:
www.data.gv.at/
Offene Behördendaten der Schweiz:
http://opendata.admin.ch/
Das Open-Data-Portal Großbritanniens:
http://data.gov.uk/
Das Open-Data-Portal der US-Regierung:
www.data.gov/
Das Datenportal der Weltbank:
http://data.worldbank.org/
Das Open-Data-Portal der Europäischen Union:
http://open-data.europa.eu/en/data/
Ein Überblick über weitere Open-Data-Portale in Europa:
http://ec.europa.eu/digital-agenda/en/open-data-portals
Ein Überblick der US-Regierung über internationale Datenportale: www.data.gov/opendatasites

Tags   Datenjournalismus   Datenbanken   Hidden Web

Einen datenjournalistischen Scoop landete die REGIODATA der DPA, als sie nach langem Tauziehen die Daten über die EU-Agrarsubventionen durchforsten konnte. Heraus kam unter anderem, dass die größten Subventionsempfänger nicht etwa Landwirte, sondern große Konzerne wie NESTLÉ und DIE SÜDZUCKER AG sind (vgl. ⸙Schulzki-Haddouti 2010).

So wie bei der Suchmaschinen-Recherche die Regel gilt, keine Fragen zu stellen, so wird häufig behauptet, dass auch beim Datenjournalismus eine erkenntnisleitende Frage oder Hypothese nicht unbedingt am Anfang der Recherche stünde. Datenjournalisten arbeiten nach dieser Ansicht gerne ergebnisoffen, besorgen sich Daten auf gut Glück, filtern sie, sortieren sie und finden gerade dadurch oft spannende Geschichten.

Es mag sein, dass Datenjournalismus manchmal auch durch Zufall im Datenmeer auf journalistisch verwertbare Funde stoßen. Ein methodisches Vorgehen ist das allerdings nicht: Gerade im Angesicht schier endloser Datenmassen scheint eine erkenntnisleitende Hypothese und eine Story-basierte Recherche der beste Weg, um die sprichwörtliche Stecknadel im Datenheuhaufen zu finden. Die über 300.000 Dokumente der „Iraq War Logs", die WIKILEAKS veröffentlicht hat, sind erst dann greifbar, wenn man sich mit einer recherchestrukturierenden Hypothese an die Arbeit macht. In diesem Fall etwa kann die Hypothese gelautet haben: Amerikanische Soldaten töten unter Umständen im „Krieg gegen den Terror" auch wehrlose Zivilisten. Es mehren sich darum auch unter Journalismusforschern die Stimmen, die dafür plädieren, auch datenjournalistische Recherchen als Geschichten aufzufassen, die den Regeln der Narratologie beziehungsweise des Storytelling folgen (Lampert/Wespe 2011: 11). Was nämlich drohe, wenn man in Zeiten des Information Overload nicht geschichtenzentriert recherchiert und arbeitet, sei die Präsentation der Fülle von Material aus der „Gerümpeltotale": „Gerümpel bedeutet: Es liegt zu viel ungeordnetes, nicht brauchbares Material herum" (ebd.: 29).

Selten bekommen Datenjournalisten die begehrte Ware, also Datensätze, freiwillig und vollständig. Der häufigere Fall ist, dass Daten aus dem Internet beschafft und aufbereitet werden müssen. Die meisten Internetseiten basieren im Hintergrund auf Datenbanken, aus denen die Seite im Moment der Nutzereingabe erst generiert wird. Die Kunst des Datenjournalismus besteht darin, an das Rohmaterial dieser Datenbanken heranzukommen, egal ob es sich dabei um die Fahrpläne der Deutschen Bahn, die Abflugzeiten internationaler Flughäfen oder eine vollständige Liste aller Abgeordneten im Berliner Reichstag inklusive ihrer Nebenverdienstangaben handelt. Screen Scraping oder auch Web Scraping heißen diese Techniken.

Tags   Datenjournalismus   Datenbanken   Hidden Web

> **Tipp: Screen Scraping**
> Für das Screen Scraping gibt es in einfachen Fällen Zusatzprogramme für Webbrowser, sogenannte Add-ons, in schwierigeren Fällen spezielle Programme, wie sie auch Computerhacker benutzen, und in ganz hartnäckigen Lagen müssen auch Programmierkenntnisse aufgewendet werden. Auch für Letzteres weiß das Internet Rat. Das Onlineportal FREELANCER.COM bietet unter dem Motto „rent a coder" günstig Programmierer an, die kleine Hilfsprogramme maßschneidern können. Umstritten ist, ob das Web Scraping in allen Fällen legal ist. Das Oberlandesgericht Frankfurt/Main geht in einem Urteil davon aus, dass Datenbanken grundsätzlich nicht dem Urheberrecht unterliegen und dann ausgewertet werden dürfen, wenn die Daten auch sonst im Internet frei zugänglich sind (Ulbricht 2009).

3 Wo Daten zu finden sind

Datenbanken-Datenbanken

Im Zentrum eines Buches, das sich mit Recherche beschäftigt, steht die Frage, wo Datenbestände aufzutreiben sind. Schätzungen gehen davon aus, dass nur ca. 20 Prozent der Informationsressourcen im Internet von normalen Suchmaschinen wie GOOGLE gefunden werden können. Im Umkehrschluss heißt das, dass 80 Prozent der im Internet verfügbaren Informationen Teil des „unsichtbaren Internets" sind, das auch als *Hidden Web, Deep Web, Deepnet* oder *Invisible Web* bezeichnet wird (Scheeren 2012: 2). Ein wichtiger Teil dieser Ressourcen ruht in Datenbanken. Hier finden Suchmaschinen unter Umständen die Startseiten, für tiefergehende Recherchen muss

man aber eigene Datenbankabfragen starten.
Gute Anlaufstellen für frei zugängliches Datenmaterial sind die großen Staats- und Universitätsbibliotheken in Deutschland. Neben häufig guten Linklisten mit Verweisen auf weitere Informations- und Datenquellen bieten diese Einrichtungen oft auch selbst Material in großer Fülle an. Ein herausragender Ausgangspunkt ist der „Karlsruher Virtuelle Katalog", der letztlich eine Metasuchmaschine darstellt und 500 Millionen Medien in Katalogen weltweit durchsuchen kann [www.ubka.uni-karlsruhe.de/kvk.html].
Das Hochschulbibliothekszentrum des Bundeslands Nordrhein-Westfalen [www.hbz-nrw.de] bietet neben vielen bibliografischen Informationsquellen auch einen weltweiten Suchmaschinenindex, der auch spezielle vertikale Suchmaschinen verzeichnet und sich darum ebenso zur Datenrecherche eignet. Ein gutes Beispiel für Open Data im öffentlichen Raum stellt beispielsweise die Universitätsbibliothek Köln dar: Sie gibt den gesamten Datenbestand ihres Katalogs frei. Durch die Freigabe der Daten wird es jedem möglich, die Daten herunterzuladen, zu modifizieren und für beliebige Zwecke zu nutzen. Denn in der journalistischen Recherche will man in der Regel nicht nur einzelne Datenabfragen, sondern die gesamte Datenbank [http://opendata.ub.uni-koeln.de] verwenden.

Tipp: Datenbanken-Datenbanken
Im Internet sind nicht nur Datenbanken zu finden, sondern es stellt auch selbst eine gigantische Datenbank dar. Es gibt darum im Netz auch Datenbanken, die nichts als Listen mit anderen Datenbanken enthalten. Das *Datenbank-Infosystem* (DBIS) hält eine große Liste mit vor allem wissenschaftlich

Tags Datenjournalismus Datenbanken Hidden Web

> orientierten Datenbanken vor:
> http://rzblx10.uni-regensburg.de/dbinfo/fachliste.php?bib_id=hsb)
> Die *Internet-Datenbank* listet über 360 verschiedene Datenquellen nach Rubriken sortiert auf:
> www.internet-datenbanken.de
> Auch der *Info-Runner* ist ein Recherche-Tool, mit dem man direkten Zugriff auf Datenbanken und Archive hat:
> www.inforunner.de
> *Thedatahub* ist ein von der Open Knowledge Foundation betriebenes Verzeichnis, in dem man nach strukturierten Daten suchen, sie teilen und frei bearbeiten kann:
> http://datahub.io
> Ein Onlinedienst, der dabei helfen will, Daten etwa aus TWITTER, aus PDF-Dokumenten oder dem Web zu strukturieren, ist *ScraperWiki*:
> https://scraperwiki.com/
> Ein ständig aktualisiertes Verzeichnis von Datenbankverzeichnissen ist der *Datacatalog*:
> http://datacatalogs.org

Eine sehr wichtige Datenbank für journalistische Recherchen ist die „Tenders Electronic Daily" (TED) der Europäischen Union. Hier hat die EU ein Portal für europaweite öffentliche Ausschreibungen ins Netz gestellt. Nominell handelt es sich dabei um die Onlineversion des „Supplements zum Amtsblatt der Europäischen Union", die auch systematische Suchanfragen zulässt und nach Meinung des Datenjournalisten Sebastian Heiser „keine Wünsche offen lässt" (↗Heiser 2012: 9). Wer hier als Journalist einmal kostenlos ein Nutzerkonto angelegt hat, kann eine der wesentlichen öffentlichen Aufgaben des

E Oberwasser im Datenmeer

Journalismus nachgehen, nämlich der öffentlichen Hand dabei auf die Finger sehen, wie sie Geld ausgibt.

Foren und Mailinglisten

Gerade bei Datenjournalisten darf man getrost davon ausgehen, dass sie äußerst netzaffin sind. In Internetforen und Mailinglisten finden sich darum viele Gleichgesinnte, die häufig bei Datenrecherchen und -analysen die gleichen Probleme haben wie man selbst. Die *Question&Answer Site* GETTHEDATA.ORG ist ein guter Ort, um einerseits die Fragendatenbank nach dem eigenen Problem zu durchsuchen oder selbst eine neue Frage zu lancieren. Auch QUORA.COM hat einen Fragebereich, in dem man seinen Datenkummer posten kann. Eine gute Adresse für den Austausch mit anderen Datenrechercheuren ist die Website DATADRIVENJOURNALISM.NET. Hier kann man auch die entsprechende Mailingliste abonnieren. In den USA gibt es ein National Institute for Computer-Assisted Reporting (NICAR), das der Vereinigung Investigative Reporters and Editors (IRE) angehört. Auf deren Website (www.nicar.org) finden sich Informationen, Austausch und auch viele Links zu Datenquellen.

Tags Datenjournalismus Datenbanken Hidden Web

> **Tipp: Wayback Machines**
> Websites ändern sich ständig, sie können umbenannt werden, die Adresse wechseln oder gänzlich verschwinden. Manchmal sucht man aber gerade nach einer bestimmten Information, die man vor einiger Zeit noch im World Wide Web gesehen zu haben glaubt. Für diesen Zweck gibt es Wayback Machines. Die Bekannteste ist das internet Archive (ARCHIVE.ORG). Millionen von Internetseiten mit all ihren dazugehörigen Daten sind in einer riesigen Datenbank archiviert und auf diese Weise auch konserviert. Auch Internetsuchmaschinen speichern häufig ältere Versionen jener Websites ab, die sie in ihrem Index führen. Bei der GOOGLE-Suche reicht es z. B., vor das Suchwort [cache:] zu schreiben, dann durchsucht GOOGLE solche gespeicherten Versionen.

Aktive Suche nach Datenressourcen

Man kann das Internet auch selbst aktiv nach Datenressourcen durchsuchen und ist nicht darauf angewiesen, dass entsprechende Quellen in Datenbanken gelistet sind. In einem ersten Schritt nutzt man dazu die üblichen Suchmaschinenoperatoren, um Suchmaschinen wie GOOGLE, YAHOO! oder BING nach entsprechenden Datensätzen abzufragen. Daten in Tabellenform lassen sich dort suchen, indem man an die Suchbegriffe anfügt:

filetype:XLS OR filetype:CSV

Geodaten sucht man mit folgendem Operator:

filetype:SHP

Ganze Datenbestände kann man suchen, indem man an die Keywords anhängt:

Filetype:MDB OR filetype:SQL OR filetype:DB

Man kann auch innerhalb von URLs, also den Internetadressen, nach Daten und Datenbanken Ausschau halten. Dabei googelt man beispielsweise folgendermaßen:

inurl:downloads filetype:xls

Auf diese Weise sucht die Search Engine nach allen Excel-Dateien (.xls), die in der Internetadresse das Wort „Download" enthalten. Man kann die Suche nach Datendateien auch auf ganz bestimmte Seiten konzentrieren. Möchte man z. B. Daten des Bundesinnenministeriums, gibt man Folgendes ein:

site:bmi.bund.de filetype:xls

Ähnlich kann man auf derselben Website nach anderen Filetypes oder einfach nach dem Suchbegriff „Datenbank" suchen. Will man erst einmal ein bisschen stöbern und gucken, was die Website vielleicht anzubieten hat, kann man auch als Keyword „sitemap" eingeben:

Site:bmi.bund.de sitemap

Tipp: Website-Betreiber recherchieren
Wer im Internet und in Datenbanken recherchiert, sollte auch wissen, mit wem er es zu tun hat. Informationen über die Personen oder Institutionen, die Websites betreiben, bieten sogenannte Whois-Dienste. In Deutschland ist die wichtigste WWW.DENIC.DE. Wer dort im Suchfeld eine Internetadresse angibt, erfährt Name und Anschrift des Seitenbetreibers sowie das Datum, seitdem die Seite online ist. Bei Seiten, deren Server im Ausland sind, kann Denic in der Regel nicht weiterhelfen. Hier muss man auf internationale Whois-Dienste ausweichen:
www.arin.net   USA
www.ripe.net   Europa
www.lacnic.net   Lateinamerika /Karibik
www.apnic.net   Asien/Pazifik
www.afrinic.net   Afrika

Tags Datenjournalismus Datenbanken Hidden Web

4 Recherchen im Hidden Web

Suchmaschinen finden nicht alles im Internet. Es gibt sogar Stimmen, die behaupten, dass der weitaus größte Teil der im Internet verfügbaren Daten durch Search Engines nicht auffindbar ist. Dieser, sozusagen versteckte Teil des Internets wird auch als *Hidden Web* oder *Deep Web* bezeichnet, während der Suchmaschinen zugängliche Teil des Internets auch als *Surface Web* bezeichnet wird. Nach einer Studie, die Michael K. Bergman im Jahr 2001 angestrengt hat, soll schon damals das Hidden Web mehr als 400-mal so groß wie das Surface Web gewesen sein (Bergmann 2001: 1). Zu den für Keyword Search nicht zugänglichen Bereichen zählen insbesondere themenspezifische Datenbanken, aber auch der anonymisierte Teil des Internets, in dem sich Hacker ebenso treffen wie Waffenhändler und Pornoringe. Die Webcrawler der großen Search Engines erfassen in der Regel nur statische Webseiten, nicht aber dynamische Seiten, also solche, die erst bei Nutzereingabe aufgebaut werden, wie die Zugauskunft. Allein die sechzig größten Websites im Hidden Web sollen Daten verwalten, die die Größe des Surface Web um den Faktor 40 übersteigt. Hierzu zählen beispielsweise das National Climatic Data Center oder die NASA (ebd.: 6).

Hidden Web	
Chris Sherman und Gary Price unterscheiden in ihrer Studie "The Invisible Web. Uncovering Information Sources Search Engines Can't See" fünf verschiedene Typen der „Invisibility" (Sherman/Price 2001: 70 ff.):	
The Opaque Web	Webseiten, die prinzipiell indiziert werden könnten, auf-

	grund der technischen Leistungsfähigkeit aber nicht werden.
The Private Web	Webseiten, die indiziert werden könnten, aber wegen Zugangsbeschränkungen nicht werden.
The Proprietary Web	Webseiten, die nur mit einem Passwort zugänglich sind.
The Truly Invisible Web	Webseiten, die aus technischen Gründen nicht indiziert werden können (Datenbanken, Dokumente, die in Browsern nicht angezeigt werden können, oder komprimierte/verschlüsselte Daten).

Hilfreich bei der Recherche können Datensammeldienste wie z. B. die großen Reiseportale à la EXPEDIA.DE, FLUEGE.DE oder AB-IN-DEN-URLAUB.DE sein. Sie lesen per Screen Scraping die Daten verschiedener Reise- und Fluganbieter aus und bieten sie übersichtlich auf einer Seite an. Für viele journalistisch interessante Datenbanken, die kommerziell nicht so lukrativ sind wie der Reisesektor, fehlen allerdings solche Screen Scraper. Journalistisch von hohem Interesse ist jener Bereich des Truly Invisible Web, in dem anonym verkehrt wird, und das aus zwei ganz unterschiedlichen Gründen. Zum einen kann es auch für Journalisten wichtig sein, im Netz anonym zu recherchieren. Zum anderen finden sich im *anonymen* Teil des Hidden Web Daten und Informanten, an die anders als anonym gar nicht

Tags Datenjournalismus Datenbanken Hidden Web

heranzukommen ist.

Anonymität kann Selbstzweck sein: Nicht erst seit dem NSA-Skandal ist bekannt, dass Geheimdienste Telefon-, Internet- und E-Mail-Verkehr beinahe beliebig belauschen können. Journalisten sind aber keine Erfüllungsgehilfen von Staatsanwälten, und erst recht nicht von Geheimdiensten. Der Schutz und die Geheimhaltung von Rechercheergebnissen gerade vor staatlichen Stellen sind darum wesentlich auch für die Pressefreiheit.

Um den eigenen Datenverkehr zu schützen, hat der Whistleblower Edward Snowden das Live-Betriebssystem TAILS verwendet. TAILS steht für „The amnesic incognito live system". Es basiert auf dem Open-Source-Betriebssystem LINUX und lässt sich von einem USB-Stick oder einer DVD starten. Auf diese Weise hinterlässt der Nutzer auf dem verwendeten Computer keinerlei Spuren. Für die Kommunikation werden alle E-Mails mit der Verschlüsselungssoftware GNUPG (gnu privacy guard) codiert. Auch dieses Programm ist im Internet frei erhältlich und für alle gebräuchlichen Betriebssysteme verfügbar.

[Abb. D03: Edward Snowden (Foto: Laura Poitras)]

E Oberwasser im Datenmeer

Im Zentrum von TAILS steht aber das TOR-Netzwerk. TOR ist die Abkürzung für „The Onion Router" und dient der Verschlüsselung von Internet-Verbindungsdaten. Alle Inhalte, die über das Internet verschickt werden sollen, werden dabei über ständig wechselnde Routen gesendet. Die Daten werden mehrfach verschlüsselt und auf diese Weise wie eine Zwiebel (engl. onion) immer besser geschützt. Der Internetsurfer muss nur ein Client-Programm, einen sogenannten Onion-Proxy, installieren. Fortan werden alle Suchanfragen im Internet über ständig wechselnde Internetserver gelenkt und sind nicht mehr nachvollziehbar. Wer sichergehen will, dass er nun im Netz anonym unterwegs ist, kann auf Webseiten wie WWW.WHATISMYIPADDRESS.COM gehen und wird feststellen, dass die eigene IP-Adresse, also die eindeutige Kennung des eigenen Computers im Internet, nicht mehr auf einen Server der Deutschen Telekom oder eines anderen Netzanbieters in Deutschland verweist, sondern womöglich auf Server in Holland, den USA oder irgendwo in der Südsee.

ANONYMISIERUNGS-SOFTWARE

» Das Live-Betriebssystem TAILS findet sich unter
https://tails.boum.org
» Das TOR-Netzwerk kann man am besten mit dem „TOR Browser Bundle" nutzen. Das ist nichts anderes als ein modifizierter FIREFOX-Browser, der den TOR-Launcher sowie den TOR-Client bereits enthält und sehr einfach zu installieren ist:
https://www.torproject.org

Tags   Datenjournalismus   Datenbanken   Hidden Web

> » Wer verschlüsselte E-Mails senden und empfangen will, nutzt am besten GNUPG. Das ist eine freie Weiterentwicklung von"Pretty God Privacy" (pgp):
> www.gnupg.org

Nicht nur die Internetsurfer sind im TOR-Netzwerk anonym unterwegs. Auch Internetanbieter können TOR nutzen, um unerkannt Webdienste anzubieten. Hierzu nutzt man die *Hidden Services,* also die versteckten Dienste von TOR. Das sind Webadressen, die ganz anders aussehen als normale Internetadressen und mit einem normalen Internetbrowser auch nicht aufzurufen sind. Sie haben also nicht die Form [http://www.internetadresse.com], sondern sehen beispielsweise so aus: [http://zqktlwi4fecvo6ri.onion]. Die Hidden Services sind für die journalistische, aber auch die kriminalistische Recherche sehr interessant, weil ihre Anonymität natürlich auch von Waffen- und Drogenhändlern, von Kinderpornoringen und Leuten, die andere justiziable Dinge verabreden wollen, genutzt werden können. Um in solchen Bereichen des Internets recherchieren zu können, benötigt man *Introduction Points*, also Startplätze, die auf weiterführende Links im Onion-Netzwerk verweisen. Sehr beliebt ist hier THE HIDDEN WIKI, das auf kommerzielle Anbieter ebenso verweist wie auf E-Mail-Anonymisierer oder Politgruppen.

E Oberwasser im Datenmeer

[Abb. 8_04 Der TOR-Browser: Anonym im Internet]
Über die Sicherheit des TOR-Netzwerks wird unter Fachleuten viel diskutiert. Es scheint als ausgemacht, dass jemand, der die Ein- und Ausstiegspunkte des Netzwerks kontrollieren könnte, die Anonymität eines TOR-Nutzers knacken könnte. Eine Selbstauskunft des US-Geheimdiensts NSA, die durch die Snowden-Veröffentlichungen bekannt wurde, verrät allerdings, dass die Geheimagenten offensichtlich nicht sehr erfolgreich bei ihren Versuchen waren, TOR zu dechiffrieren (⌂Ball u. a. 2013).

Checkliste: Anonym im Internet surfen
Es reicht nicht aus, einen Anonymisierer wie das TOR BROWSER BUNDLE zu installieren, um sich wirklich sicher und anonym im Internet zu bewegen. Es ist auch nötig, das eigene Surfverhalten zu ändern:

Tags Datenjournalismus Datenbanken Hidden Web

> » Englischsprachige Versionen von Websites besuchen: Da die mit Abstand meisten Internetnutzer englischsprachig sind, versteckt man sich am besten in dieser großen Masse. Die Auskunft über die eigene Muttersprache (deutsch oder noch kleinere Sprachgruppen wie holländisch) schränkt den Nutzerkreis unnötig ein. Also z. B. GOOGLE.COM statt GOOGLE.DE wählen.
> » Browser-Plug-ins nicht aktivieren: Dienste wie Flash, Quicktime, Realplayer oder andere können so manipuliert werden, dass sie die echte IP-Adresse auskundschaften.
> » Kein Filesharing betreiben: Bei Filesharing-Software wie Bit-Torrent wurde beobachtet, wie sie direkte Internetverbindungen aufgebaut haben, obwohl sie die Proxy-Server von TOR benutzen sollten.
> » Verschlüsselte Webadressen benutzen: TOR verschlüsselt nur den Datenverkehr innerhalb des Netzwerks. Die Verschlüsselung auf der Webseite, die man gerade aufrufen will, obliegt dem Betreiber dieser Webseite. Also immer [https://] statt [http://] aufrufen.
> » In anonymen Netzwerken keine Dokumente öffnen: Dokumente des Typs .doc oder .pdf können Weblinks enthalten, die außerhalb von TOR geöffnet werden können. Auf diese Weise kann die echte IP-Adresse sichtbar werden.
> » Nicht nur anonym surfen, wenn's brenzlig ist: Wer nur dann E-Mails anonymisiert oder TOR nutzt, wenn er brisante Recherchen vorhat, weist mit einem riesengroßen Zaunpfahl auf sich hin. Darum besser auch im Alltag Anonymisierer benutzen.

5 Der Datenjournalismus von morgen

Handelt es sich dann beim Datenjournalismus überhaupt noch um Journalismus oder ist er, nach einer Formulierung David L. Altheides und Robert P. Snows, in den Zustand des „Postjournalismus" übergegangen (Altheide/Snow 1991: 51)? Tracy Schmidt vom US-amerikanischen Nachrichtenmagazin TIME meinte schon im Jahr 2007, Foren wie WIKILEAKS könnten sich „zu einem ebenso wichtigen journalistischen Werkzeug wie der *Freedom of Information Act* entwickeln" (Schmidt 2007). Andere Stimmen meinen, dass „für eine zeitgemäße und zukunftsfähige Journalismusforschung ein neuer Journalismusbegriff erforderlich" sei (Engesser 2012).

An was es dem auf Datenrecherchen basierenden Journalismus als sehr junger Richtung des Journalismus noch gebricht, sind ein Qualitätsbewusstsein und ein Qualitätsmanagement. Zu häufig wird das technisch Machbare allein für das Gute gehalten. Einen Durchbruch wird er aber in der journalistischen Praxis wie in der journalistischen Ausbildung nur erleben, wenn er wirklich zu einem „wissenschaftlichen Journalismus" wird und sich an wissenschaftlichen Maßstäben messen lässt. Fragen nach Visualisierung und graphischer Repräsentation, die momentan noch im Vordergrund der Debatten stehen und dem Datenjournalismus den Vorwurf des „visualisation porn" eingebracht haben (Matzat 2011), rücken dann in den Hintergrund. Stattdessen müsste über statistische Auswertungsprobleme, Messgenauigkeit, Codierfragen und Datenmanipulation diskutiert werden.

Tags Datenjournalismus Datenbanken Hidden Web

Literatur & Links

Einige der Vorreiter der Datenjournalismusszene haben sich zusammengetan und ein Datenjournalismus-Handbuch verfasst (in englischer Sprache):

http://datajournalismhandbook.org/1.0/en/index.html

Das Buch gibt es auch in einer Printausgabe:
Jonathan Gray u. a. (2012): *The Data Journalism Handbook. How Journalists Can Use Data to Improve the News.* Sebastopol/CA.

Technikjournalistisch ist die Zeitschrift c't aus dem Heise Zeitschriften Verlag so etwas wie der Spiegel unter den Computerzeitschriften. Wer über die neuesten Trends auf dem Laufenden sein will, wird um dieses Magazin nicht herumkommen. Die Website des Heise Zeitschriften Verlags bietet neben einem Tech-Newsticker auch eine enorme Fülle evaluierter Freeware-Software und mit dem Onlinemagazin Telepolis auch einen Ort für kritische Reflexion im und übers Web:

www.heise.de
www.telepolis.de

Vorreiter in Deutschland sind die Journalisten und Programmierer von OpenDataCity:
www.opendatacity.de

F COMPUTER-TIPPS

1 Der richtige Browser

Auch wenn wichtige Funktionen des Internets heute sehr häufig über mobile Geräte genutzt werden, ist der PC oder das Laptop wohl immer noch das Standardwerkzeug für Netzrecherchen im professionellen Alltag. Und damit stellt sich die Frage, welchen Browser man am besten nutzen und wie dieser konfiguriert sein sollte.

Die Standardbrowser der großen Betriebssystemhersteller, also der INTERNET EXPLORER von MICROSOFT und SAFARI von APPLE, haben einige Einschränkungen im Arbeitsalltag und werfen ähnlich wie GOOGLE CHROME immer wieder Datenschutzprobleme auf.

Der FIREFOX-Browser der kalifornischen MOZILLA-Foundation ist ein open source-Projekt und darum eher vor datenschutzsensiblen Manipulationen gefeit. Durch die offene Architektur ist der FIREFOX-Browser mittels Add-Ons sehr gut erweiterbar und kann in seinen Funktionen, auch was die Recherche-Funktionalität angeht, sehr gut aufgerüstet werden. So lassen sich etwa verschiedene Standard-Suchmaschinen einstellen oder Erweiterungen für das einfache Screen-Grabbing von Daten aus Internetseiten installieren.

Tags Browser Kuratieren Wissenschaft

[Abb. E01: Der FIREFOX-Browser]

Eine recht neue Browser-Entwicklung, die speziell für schnelle Internet-Recherchen gedacht ist, ist der Browser CLIQZ. Erstmal ist CLIQZ ein Internetbrowser, der auf der open source-Entwicklung FIREFOX basiert und entsprechend flott rendert und arbeitet. In diesen Browser ist ein Suchalgorithmus integriert, und zwar so, dass man schon bei der Eingabe von Suchwörtern ins Adressfeld Ergebnisse angezeigt bekommt. Das machen zwar andere Suchmaschinen, allen voran GOOGLE, auch: Folgt man diesen autocomplete-Einträgen, landet man aber erstmal auf der Ergebnisseite der Suchmaschine. Bei CLIQZ werden dagegen direkt die Links zu den Ergebnisseiten unter dem Eingabefeld angezeigt, man spart sich also im Idealfall den Umweg über die Suchmaschinenseite. In vielen Fällen versucht CLIQZ, auch direkt Antwort zu geben, etwa wenn man nach „Wetter in Köln" oder „Kinoprogramm in Berlin" fragt. „Semantische Suche" wird so etwas genannt, weil die hinter CLIQZ steckende Suchmaschine versucht, die Frage „zu verstehen". Die CLIQZ-Macher verfolgen einen Human-Web-Ansatz, d.h. die Antwortvorschläge basieren vor allem darauf, was andere CLIQZ-Nutzer für relevant halten.

[Abb. E02: Suchbrowser CLIQZ]

Was CLIQZ noch bemerkenswert macht, ist eine ausgefeilte Antitracking-Funktionalität. Viele Websites und besonders Suchmaschinen wie GOOGLE speichern über ihre User ausgedehnte Nutzerprofile. Der neue Browser dagegen gibt keine personalisierbaren Daten an Websitebetreiber weiter. Datenschutzsensible Nutzern kann das schon ein gutes Argument für dieses alternative Werkzeug sein.
Die Entwicklung stammt aus dem Hause HUBERT BURDA MEDIA. Pikanterie am Rande: BURDA streitet sich seit Jahren mit GOOGLE über das sogenannte Leistungsschutzrecht. Jetzt versucht man offenbar, den kalifornischen Suchmaschinengiganten mit den eigenen Waffen zu schlagen.

Tags   Browser   Kuratieren   Wissenschaft

2 Kuratieren statt recherchieren?

Als im März 2011 nach einem Tsunami im Pazifik das Atomkraftwerk von Fukushima in Japan kollabierte, herrschte auch bei den Medien Ausnahmezustand. Live-Ticker der großen onlinejournalistischen Formate erweckten die Anmutung von „Echtzeitjournalismus", auch wenn das Katastrophengebiet evakuiert war und die allermeisten Journalisten sich im 300 Kilometer entfernten Tokio oder im noch weiter entfernten Yokohama befanden. In dieser Situation wurde TWITTER vielleicht zum ersten Mal das, was der Name schon länger vorgab, nämlich ein Kurznachrichtendienst, und verursachte damit „Schockwellen im Mediensystem" (⌁Esser 2011): Über TWITTER kamen die ersten Meldungen über die Erdstöße, hier meldeten sich Augenzeugen und Betroffene zu Wort. Der Tsunami im Pazifik löste vielleicht tatsächlich aus, was Julia Schröder in der STUTTGARTER ZEITUNG eine „mediale Plattenverschiebung" nannte (⌁Schröder 2011): Erstmals konnten die klassischen Medien, insbesondere Tageszeitungen und TV-Nachrichtenkanäle, medial und quotenmäßig nicht von der Katastrophe profitieren, Wochenzeitungen verbuchten einen Auflagenrückgang, der Buchmarkt brach in den Wochen nach dem Unglück sogar ein (vgl. ⌁Skalli 2011).

Wer in der damaligen Situation als Nachrichtenredakteur die Lage überblicken wollte, musste nicht nur den Ticker und die aktuellen Fernsehsendungen, sondern vor allem die Netzressourcen und die sozialen Medien auf dem Radar haben. Und die Zuschauer bekamen nicht mehr redigierte Nachrichten, sondern den Originalton des Netzes, das Gezwitscher von TWITTER und die Postings aus FACEBOOK & Co. zu lesen und zu hören. *Kuratieren* wird diese neue journalistische Tätigkeit genannt, auch wenn Kritiker sie nicht für sonderlich journalistisch halten. Der Medienjournalist Jakob Steinschaden hat es auf die griffige Formel gebracht: „Kuratieren statt recherchieren" (⌁Steinschaden 2013: 50). Und Daniel Weber, Chefredakteur der Schweizer Zeitschrift NZZ FOLIO, wird zitiert mit der Aussage: „Wer kuratieren will, soll ins Museum. Journalisten sollen schreiben" (⌁Langer 2011).

Aber sind Kuratieren und Recherchieren wirklich so ein großer Widerspruch? Der in Australien lehrende Kommunikationswissenschaftler Axel Bruns sieht den Journalismus auf dem Weg vom *Gatekeeping* zum *Gatewatching*, womit er auch die Praxis des Kuratierens beschreibt:

> *„Der Begriff Gatewatcher ist nützlicher als ‚Gatekeeper' oder ‚Bibliothekar': Gatewatcher beobachten, welches Material verfügbar und interessant ist, und identifizieren nützliche neue Informationen mit der Absicht, dieses Material in strukturierte und aktuelle Berichte einfließen zu lassen"* (⌁Bruns 2008: 9).

Der Onlinejournalist Markus Bösch sieht die Zukunft des Recherchejournalismus im Kuratieren von Informationen:

> *„Aggregieren ist auf jeden Fall ein zentraler Bestandteil zukünftiger journalistischer Arbeit. Journalisten haben kein Monopol mehr auf Nachrichten, Informationen sind für jedermann fast in Echtzeit verfügbar. Wir erleben gerade einen Übergang vom Gatekeeping zum Gatewatching"* (Oswald 2011: 31).

Auch die klassischen Medien haben das Kuratieren für sich entdeckt. Im Fernsehen werden in Sendungen wie „hart aber fair" TWITTER-Kommentare vorgetragen, die Wahlberichterstattung kennt eigene Social-Media-Redakteure, die vor laufender Kamera FACEBOOK-Postings verkünden dürfen. Der Branchendienst MEEDIA hat für das neue Berufsbild satirisch die Bezeich-

Tags Browser Kuratieren Wissenschaft

nung „Twitter-Tussi" gefunden (⌂Winterbauer 2012).
Fürs Kuratieren von Online-Nachrichtenquellen und aus den sozialen Netzwerken steht mittlerweile eine ganze Reihe an Web-Tools zur Verfügung. Diese Werkzeuge sind alle echte Recherchehilfsmittel, denn sie bieten in aller Regel in userfreundlicher Art die Möglichkeit, aus *einer* Oberfläche heraus in verschiedenen sozialen Medien nach Keywords, Hashtags, Themen oder Personen zu suchen. In besonderem Maße etabliert hat sich STORIFY.COM. Inhalte aus TWITTER, FACEBOOK, YOUTUBE, AUDIOBOO, FLICKR und Blogs können auf einer Website mit eigener URL oder in einem Rahmen auf der eigenen Website dargestellt werden. Die Möglichkeit, STORIFY-Sammlungen im eigenen Onlineauftritt zu integrieren, hat den Dienst für die Onlineausgaben vieler etablierter Medien attraktiv gemacht. So veröffentlicht SUEDDEUTSCHE.DE regelmäßig STORIFY-Sammlungen mit ausgewählten Tweets zu aktuellen Themen.

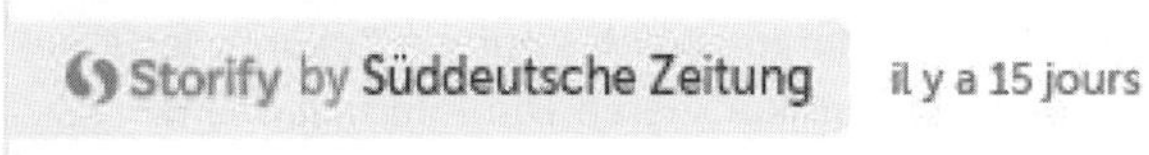

> **◊ Storify** by **Süddeutsche Zeitung**   il y a 15 jours

[Abb. E03: STORIFY by SÜDDEUTSCHE ZEITUNG]

Ähnlich funktionieren auch STORYFUL.COM und SCOOP.IT. Gerade für den mobilen Bereich sind einige Apps entwickelt worden, die als einfache Newsreader daherkommen, aber gute Werkzeuge für Onlinerecherchen sein können: Ob NEWSIFY oder FLIPBOARD, UNDRIP oder STUMBLEUPON – sie alle erschließen auf verschiedene Weise nach persönlichen Präferenzen die Weiten des Internet.
Social bookmarking ist eigentlich eine Möglichkeit, seine Lesezeichen direkt am Ort des Geschehens, also im Internet, abzu-

F Computer-Tipps

legen und so auch rechnerunabhängig zugänglich zu machen. In Zeiten des *information overload* ist es aber auch eine Form des Kuratierens von Webinhalten, vor allem wenn sich die eigenen Surftipps zudem publizieren und teilen lassen. KEEEB (www.keeeb.com) und CLIPIX (www.clipix.com) sind beides Dienste, die neben den URLs von Websites auch gleich kleine Snippets sowie Dokumente und Daten verschiedenster Art sammeln können. Für beide Werkzeuge gibt es Browsererweiterungen, so dass auf Knopfdruck die aktuellen Netzinhalte in der persönlichen Bookmark-Umgebung landen. Ähnlich funktionieren auch BLINKLIST oder BAGTHEWEB.

PAPER.LI ist ein digitales Werkzeug, mit dem sich aus Webinhalten ein eigenes Onlinemagazin erstellen lässt. Neben einzelnen Websites können auch Feeds wie TWITTER, FACEBOOK, GOOGLE+ oder YOUTUBE eingebunden werden.

Apropos YOUTUBE: METTA.IO ist ein Multimedia-Werkzeug, das seine Stärken im Kuratieren von Videos und Bewegtbildmaterial aller Art hat. YOUTUBE-Clips und andere Schnipsel lassen sich in METTA.IO beliebig aneinanderreihen, kürzen, schneiden und mit Text versehen. Große Kenntnisse in Videoschnitt oder Audiobearbeitung sind nicht nötig. Wie bei den meisten Kuratierwerkzeugen erfolgt die Materialrecherche direkt in der Kuratieroberfläche. Also auch ein echtes Recherchewerkzeug. Im Bereich der multimedialen Präsentation, ob webbasiert oder als mobile App, gibt es unzählige neue Werkzeuge, die Recherche mit Darstellung verbinden und für die neue journalistische Tätigkeit des Kuratierens beeignet sind. Die wenigsten sind für den journalistischen Gebrauch systematisch erschlossen oder evaluiert.

Tags Browser Kuratieren Wissenschaft

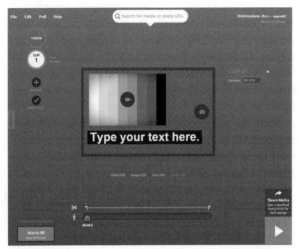

[Abb. E04: METTA_IO, ein multimediales Kuratierwerkzeug]

Auch eine Präsentationssoftware wie PREZI ist fürs Kuratieren geeignet. Eigentlich ist PREZI die kreativere Stiefschwester von Powerpoint & Co. Aber das Programm erlaubt auch den direkten Zugriff auf YOUTUBE-Clips, FACEBOOK- und TWITTER-Postings und ist darum zudem ein Kuratier- und Recherchewerkzeug. Die Präsentation dieses Materials in scheinbar freischwebenden Ebenen entweder als Stand-alone-Fassung oder im Webbrowser kann sehr eindrucksvoll geraten.

3 In-App-Recherchen

Häufig ist es im professionellen journalistischen Alltag umständlich, wenn man für jede Netzrecherche erst einmal die digitale Produktionsumgebung verlassen und einen Browser aufrufen muss, um die dort gefundenen Informationen womöglich per copy&paste wieder in die Produktionssoftware fließen zu lassen. Praktischer wäre es, wenn man direkt im Schreib- oder Layoutprogramm auf die Netzinhalte zugreifen könnte.

Hier beschreitet MICROSOFT mit den neueren Versionen seiner OFFICE-Suite innovative Wege. Mit der „intelligenten Suche" öffnet sich direkt im aktiven Fenster beispielsweise von Word eine Randspalte, die weitergehende Informationen zu einem Suchwort enthält. Das kann nicht nur die Suche nach der richtigen Rechtschreibung erleichtern, sondern hilft auch bei der Suche nach der Definition eines schwierigen Worts oder komplexeren Rechercheanfragen. Die „intelligente Suche" erreicht man ganz einfach, indem man im eigenen Text einen Begriff oder auch eine Reihe von Begriffen markiert und mit einem Rechtsklick das Kontextmenü öffnet. In den WINDOWS-Versionen der OFFICE-Suite geht MICROSOFT einen entscheidenden, rechercheförderndn Schritt weiter. Mit den sogenannten Add-Ins lassen sich die OFFICE-Programme um eine Vielzahl von Funktionen erweitern. In EXCEL stehen beispielsweise Tools zur dreidimensionalen Darstellung von Charts oder für das Mapping, also die Visualisierung von Daten auf Landkarten, zur Verfügung. Auch in Sachen Onlinerecherchen lassen sich die Office-Apps mit den Add-Ins kräftig aufmotzen. Es gibt eigene Apps für die Bildersuche beispielsweise in den Archiven von BING oder FLICKR, für die Recherche in WIKIPEDIA oder für

Tags Browser Kuratieren Wissenschaft

Übersetzungshilfen. Die Add-Ins erreicht man ganz einfach über das Menüband unter „Einfügen". Von dort ist auch der MICROSOFT OFFICE-Store zu erreichen, in dem man in der Vielzahl von Zusatzangeboten stöbern kann.

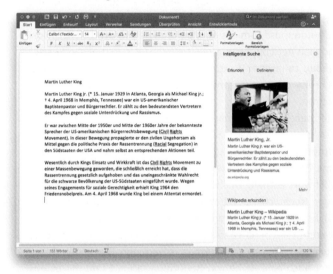

[Abb. E05: Intelligente Suche in MICROSOFT OFFICE]

In den entsprechenden Office-Programmen für APPLE MACINTOSH-Rechner gibt es die „Intelligente Suche" auch, aber die weitergehenden Möglichkeiten nicht – ohnehin ist die Mac-Version der Office-Suite gegenüber ihrem Windowspendant im Funktionsumfang deutlich eingeschränkt.

4 Wissenschaftliche Suche

Wissenschaft und Journalismus haben, wie schon im Eingangskapitel vermerkt, sehr viel miteinander gemein. Wer vielleicht kompliziertere Hypothesen auf ihren Wahrheitsanspruch hin prüfen will, ist darum auch gut beraten, nach wissenschaftlicher Fachliteratur zum Thema zu suchen. Hierfür gibt es im Internet spezielle Dienste, die das Funktionssprektrum der schon erwähnten GOOGLE BOOKS und GOOGLE SCHOLAR deutlich erweitern.

SCIENCEDIRECT.COM ist der Nachfolger der wissenschaftlichen Datenbank Scirus des Elsevier-Verlags. Auf der Suche nach wissenschaftlichen Aufsätzen lassen sich Recherchen hier zeitlich eingrenzen, der Publikationstyp wählen, Dateiformate bestimmen, spezifische Quellen auswählen und Themenbereiche eingrenzen. Dabei hilft die „erweiterte Suche", die ein Formular für die verschiedenen Optionen anbietet. Suchergebnisse kann man sich direkt per Email schicken lassen, abspeichern oder in ein Literaturverwaltungsprogramm wie CITAVI exportieren.

INGENTACONNECT.COM nennt sich selbst „the home of scholarly research". Auch hier stellt die „erweiterte Suche" eine Vielzahl an Möglichkeiten zur Verfügung, die Recherche einzugrenzen und die Ergebnisse zu filtern. Die rechte Spalte der Ergebnisseite stellt „tools" zur Verfügung, um die Resultate zu speichern oder zu exportieren. Über INGENTACONNECT lassen sich viele Aufsätze und Buchkapitel auch direkt erwerben, was aber kostspielig sein kann – wissenschaftliche Literatur ist teuer. Wenn man den Dienst von einem Universitäts- oder Bibliotheksrechner aus benutzt, kann man aber parallel recherchieren, ob nicht das Suchergebnis als Volltext in den eigenen

Tags Browser Kuratieren Wissenschaft

Beständen kostenlos zu haben ist.
Ein Dienst wie SUBITO-DOC.DE liefert Artikel aus wissenschaftlichen Zeitschriften und Büchern direkt als PDF und greift dabei auf die Bestände von 35 Bibliotheken zu.

SUBITO-DOC

» www.subito-doc.de

Der größte wissenschaftliche Onlinekatalog ist vermutlich WORLDCAT.ORG. Er greift auf 1,5 Milliarden Bestände zurück und verbindet den Nutzer mit über 10.000 Bibliotheken. Wenn GOOGLE nicht weiter weiß, dann weiß WORLDCAT immer noch Rat. Auch WORLDCAT bietet ein ausgefeiltes Clustering, das heißt, die Sucherergebnisse lassen sich nachträglich nach diversen Kategorien filtern und eingrenzen. Außerdem bietet WORLDCAT die Möglichkeit, verschiedene Bibliographien anzulegen und zeigt auf Wunsch Bibliotheken in der Nähe des Aufenthaltsorts, in welchen die recherchierte Literatur erhältlich ist.
BASE-SEARCH.NET ist ein Dienst, der die Metasuche in Online-Repositorien, also Volltextservern, anbietet. Auf solchen Servern finden sich hauptsächlich frei verfügbare, also sogenannte *open access*-Dokumente wie zum Beispiel komplette Bücher, Zeitschriftenartikel, Ton- oder Videodokumente.

BASE

» www.base-search.net
Base ist ein Service der Universitätsbibliothek Bielefeld.

F Computer-Tipps

Nur 20 Prozent des Internets sollen, wie schon oben dargestellt, für Suchmaschinen durchsuchbar sein. Der Rest schlummert im sogenannten Deep Web und ist in dynamischen Datenbanken oder hinter Paywalls und anderen Barrieren versteckt. Dies betrifft häufig insbesondere wissenschaftliche Arbeiten. Doch auch für solche wissenschaftlichen Quellen gibt es Suchdienste.

Wissenschaftliche Deep Web-Suchmaschinen
Universell:
- » worldwidescience.org
- » www.scienceresearch.com

Wirtschaft:
- » biznar.com/biznar

Medizin:
- » mednar.com/mednar

Eine Besonderheit stellt der Dienst DEEPDYVE dar. Er erschließt gegen eine Monatsgebühr nicht nur Millionen von Artikeln aus den Bereichen Life Sciences, Health Sciences, Physical Sciences und Engineering, sondern bietet darüber hinaus einen Dokumentenausleih-Dienst an. Damit kann man Fachartikel für einen Tag und für günstige 0,99 Dollar zum Lesen „mieten". Wer keinen Zugang zu einem Universitätssystem mit den entsprechenden Abonnements hat, kann sich auf diese Weise dennoch auf den aktuellen Stand der Forschung bringen.

Cloud-Dienste
Cloud-Dienste tun nicht nur einen guten Dienst, wenn es darum geht, den eigenen Festspeicherplatz zu optimieren und

Dateien auf Server im Internet auszulagern. Unter Cloud-Computing versteht man den Ansatz, IT-Infrastrukturen (z. B. Rechenkapazität, Datenspeicher, Netzkapazitäten oder auch fertige Software) über ein Netz zur Verfügung zu stellen, ohne dass diese auf dem lokalen Rechner installiert sein müssen. Sie erleichtern darum auch kollaborative Recherchen, bei denen Journalisten aus verschiedenen Redaktionen oder gar aus verschiedenen Ländern zusammenarbeiten. Die ausgedehnten Datenrecherchen der nun schon vier sogenannten Offshore-Leaks, die der Rechercheverbund aus NDR, WDR und SÜDDEUTSCHER ZEITUNG gemeinsam mit dem INTERNATIONAL CONSORTIUM OF INVESTIGATIVE JOURNALISM (ICIJ) angestrengt hat, wären ohne Cloud-Dienste nicht möglich gewesen. Im Rahmen der Enthüllungen rund um die „Panama-Papers", bei denen 400 Journalisten von 100 Medien aus 78 Ländern miteinander kooperiert haben, mussten 2,6 Terabyte Daten über 200.000 Briefkastenfirmen in Panama ausgewertet werden. Dabei haben die Rechercheure den Cloud-Dienst NEO4J genutzt, der auf Graphenanalyse spezialisiert ist. Mit der ebenfalls cloudbasierten Visualisierungssoftware LINKURIO.US konnten Zusammenhänge zwischen den einzelnen Briefkastenfirmen sehr schnell optisch deutlich gemacht werden (vgl. Hülsbömer 2016). Die einfachste Möglichkeit, sich über die Cloud mit anderen Rechercheuren zu vernetzen, sind GOOGLE DRIVE und GOOGLE DOCS. Das webbasierte Officepaket bietet kollaboratives Arbeiten an. So lassen sich beispielsweise mit der Tabellenkalkulation GOOGLE SHEETS strukturierte Daten mit anderen teilen und bearbeiten. Hierzu benötigt man lediglich einen GOOGLE-Account. Wem das, beispielsweise aus Datenschutzgründen, zu lästig ist, der kann auch auf andere Dienste zugreifen.

F Computer-Tipps

Cloud-Dienste

» DROPBOX: Der bekannteste Speicherdienst bietet 2 GByte Gratisspeicher an.
» AMAZON CLOUD DRIVE: Allen Kunden stehen 5 GByte automatisch zur Verfügung. Hier wird zum Beispiel auch online gekaufte Musik hinterlegt.
» ONEDRIVE: MICROSOFTS CLOUD steht den Office-365-Abonnenten mit riesigen 1 TByte offen und bietet auch einen webbasierten Zugang zu den einzelnen Programmen des Pakets wie Word oder Excel.
» MAGENTACLOUD: Der Cloud-Dienst der DEUTSCHEN TELEKOM mit Servern im deutschen Bundesgebiet für datenschutzsensiblere Nutzer bietet 10 GByte Gratisspeicher.
» STRATO HIDRIVE FREE: Bietet neben 5 GByte Gratisspeicher ebenfalls Rechenzentren in Deutschland sowie ausgefeilte Backup-Technik.

Gerade bei sensiblen Recherchen mit entsprechend sicherheitsrelevantem Datenmaterial spielt der Datenschutz eine besondere Rolle. Die Kooperationspartner des Projekts „Deutsche Wolke" versprechen mehr Datensicherheit durch Cloud-Lösungen mit quelloffener, also sogenannter Open Source-Software und Server ausschließlich in Deutschland. Wer sich einen eigenen Cloud-Server basteln möchte, kann auf die Open Source-Software OWNCLOUD zugreifen. Hierzu ist aber etwas tiefergehendes Computerwissen nötig.

5 Recherchen am Smartphone

An die 60 Prozent der Aufrufe journalistischer Webseiten erfolgt mittlerweile über mobile Endgeräte, sprich: Smartphones und Tablets. Aber nicht nur auf Rezeptions-, sondern auch auf Produktionsseite spielen die smarten Werkzeuge für Journalisten eine zunehmend wichtige Rolle. Das unübersehbare Heer an Smartphone-Apps, die es inzwischen auch für den professionellen journalistischen Einsatz gibt, kann hier natürlich nicht dargerstellt werden, aber einige Schlaglichter sollen auf dieses Thema dennoch geworfen werden.

Für viele Suchwerkzeuge, insbesondere aus dem Hause GOOGLE, liegen auch eigene Apps vor. Das gilt nicht nur für Android, das ja ein Mobilbetriebssystem von GOOGLE ist, sondern auch für Apples iPhones: Ob MAPS oder EARTH, ob TRANSLATE oder DRIVE, all diese Dienste liegen auch in für Smartphone optimierte Versionen vor und müssen darum nicht über die ins Handy integrierten Internetbrowser genutzt werden.

Elegant sind die Möglichkeiten, sich Nachrichten und aktuelle Meldungen auf dem Mobilgerät anzeigen zu lassen. Newsreader wie NEWSIFY, FEEDLY oder FLIPBOARD zeigen auf attraktive Art und Weise News nach selbst gewählten Kategorien.

Wer einen GOOGLE ALERT gesetzt hat, um sich über bestimmte Online-Ereignisse informieren zu lassen, bekommt die ensprechenden Benachrichtigungs-E-Mails selbstverständlich auf das Smartphone gesendet. Es kann sinnvoll sein, dafür ein eigenes E-Mail-Postfach einzurichten, um den Überblick zu er-

[Abb. E06: GOOGLE als App]

F Computer-Tipps

halten.

EVERNOTE oder MICROSOFTS ONENOTE sind Notizzettelprogramme, die wie Container auch Dokumente verschiedener Art und ganze Websites aufnehmen können. Es gibt für diese Programme gute Smartphone-Apps, die sich über Cloud-Speicher synchronisieren. Auf diese Weise können auch mobil recherchierte Onlinefundstücke archiviert werden.

Ein wertvolles Einsatzgebiet von Smartphones ist die Verwendung der eingebauten Recording-Funktionen. Wer heute ein Handy dabei hat, der hat alle Möglichkeiten, direkt vor Ort Ereignisse aufzunehmen, ob als Foto, als Video- oder als Sprachaufnahme.

Ein einfaches Beispiel, wie genuin mobile Funktionen der Recherche durch Smartphones zur Verfügung stehen, sind die Barcode-Scanner. Apps wie BAKODO oder EASYBC lesen die Informationen von Barcodes aus und geben im Handumdrehen Produktinformationen aufs Display. Scanner-Apps wie der IS-CANNER, TINYSCANNER oder SCANNERPRO scannen alle Arten von schriftlichen Dokumenten mit der Kamera des Smartphones, speichern sie als pdf und bieten oft sogar die OCR-Texterkennung an.

Für den professionellen Einsatz vor Ort lohnt sich die Verwendung eines externen Mikrofons, das an den Kopfhörereingang des Smartphones angeschlossen werden kann. Die eingebauten Recording-Apps haben aber unter Umständen Probleme, diese externen Geräte anzusprechen. Hierfür gibt es eigene Apps. Beim Filmen beispielsweise haben sich im praktischen Einsatz MOVIEPRO und FILMIC PRO als gut erwiesen. Tonaufnahmen kann man mit HOKUSAI machen und weiterverarbeiten.

Viele Medienhäuser und Sender haben eigene Smartphone-Apps entwickelt, um an mit Smartphones erzeugtes Material zu kommen. Am bekanntesten ist hier vermutlich die Leserapp

Tags Browser Kuratieren Wissenschaft

1414 der BILDZEITUNG.

Die ARD hat unter dem Namen „Mobile Reporter" eine Profi-Variante ihrer Tagesschau-App vorgelegt, damit ARD-Reporter auch mit dem Smartphone im klassischen Fernsehen auf Sendung gehen können. Die App hat einen roten „Live"-Knopf. Wird dieser Schalter vom Reporter aktiviert, baut das Smartphone eine Leitung auf und der Redakteur am „Content Desk" von ARD-AKTUELL kann in Bild und Ton wahrnehmen, was der Kollege aufnimmt. Gegebenenfalls kann das Signal auch direkt live auf Sendung gehen.

Nicht nur das WWW, auch die anderen Dienste des Internet sind über Smartphones erreichbar. Für Iphones etwa gibt es gute FTP-Clients für direkten Zugriff auf FTP-Server in Gesalt von FTPMANAGER FREE in der kostenlosen sowie TRANSMIT oder FTP CLIENT PRO in der kostenpflichtigen Variante. ANDFTP ist das Pendant für Android-Smartphones.

Auch das Usenet als größtes Newsgroup-System des Internets ist über Smartphones erreichbar: Für Android gibt es dafür beispielsweise die App NZB LEECH. Für Iphones gibt es etwa die App NEWSTAB.

6 Der universelle Such-Tipp

Der wichtigste Suchbefehl von allen findet sich auf jeder Computertastatur: Mit der Tastenkombination STRG+F (am Mac: Cmd+F) öffnet sich sowohl auf Betriebssystem-Ebene, also unter Windows oder MacOS, wie auch in den meisten Anwendungsprogrammen ein Suchfeld, mit dem sich Schlüsselwörter, Dateinamen oder Programme finden lassen. Ob Word-

oder pdf-Dokumente, lange Dateilisten oder Tabellen, mit STRG+F wird Suchen zum Finden.

> **Literatur & Links**
>
> Ein fast schon „klassischer" Text zum Kuratieren ist:
>
> Axel Bruns (2009): „Vom Gatekeeping zum Gatewatching. Modelle der journalistischen Vermittlung im Internet". In: Christian Nuernbergk & Melanie Rischke (Hg.): *Journalismus im Internet: Profession – Partizipation – Technisierung.* Wiesbaden, S.107-128
>
> Ein Überblick vor allem zu wissenschaftlichen Recherchequellen:
>
> Ragnar Müller, Jürgen Plieninger u. Christian Rapp (2013): *Recherche 2.0. Finden und Weiterverarbeiten in Studium und Beruf.* Wiesbaden.

Tags Literatur

G LITERATURVERZEICHNIS

Alle Quellen, die online zugänglich sind, stehen nicht in diesem Verzeichnis. Sie finden sie unter „Onlinequellen" auf der Website www.kunstderrecherche.de. Im laufenden Text sind sie mit dem ⌁-Symbol gekennzeichnet.

Adamek, Sascha/Kim Otto (2008): *Der gekaufte Staat. Wie Konzernvertreter in deutschen Ministerien sich ihre Gesetze selbst schreiben.* Köln.

Altheide, David L./Robert P. Snow (1991): *Media Worlds In The Postjournalism Era.* New York.

Barnickel, Nils/Jens Klessmann (2012): „Open Data – Am Beispiel von Informationen des öffentlichen Sektors". In: Ulrich Herb (Hg.): *Open Initiatives: Offenheit in der digitalen Welt und Wissenschaft.* Saarbrücken, S.127-158.

Batelle, John (2005): *Die Suche. Geschäftsleben und Kultur im Banne von Google & Co.* Übers: Egbert Neumüller, Kulmbach.

Beck, Klaus (2015): *Kommunikationswissenschaft.* 4., überarb. Aufl., Konstanz.

De Solla Price, Derek J. (1974): *Little Science, Big Science. Von der Studierstube zur Großforschung.* Frankfurt am Main.

Gray, Jonathan u. a. (2012): *The Data Journalism Hand-book. How Journalists Can Use Data to Improve the News.* Sebastopol/CA.

Haarkötter, Hektor (2015): *Die Kunst der Recherche.* Konstanz und München.

G Literaturverzeichnis

Haarkötter, Hektor (2013): „Global suchen, lokal finden. Lokale Recherchen mit und ohne Google". In: Netzwerk Recherche e.V. (Hg.): *Dicht dran oder mittendrin – Lokaljournalismus zwischen Recherche und Regionalstolz*. Berlin, S.96-102.

Hermann, Rainer (2011): *Die Golfstaaten. Wohin geht das neue Arabien?* München.

Hilbert,Martin/Priscila López (2011): "The World's Technological Capacity to Store, Communicate, and Compute Information". In: *Science,* H. 332/2011, S.60-65.

Hilgers, Dennis (2012): „Open Government: Theoretische Bezüge und konzeptionelle Grundlagen einer neuen Entwicklung in Staat und öffentlichen Verwaltungen". In: *Zeitschrift für Betriebswirtschaft*, Bd.. 82, H. 6/2012, S. 631-660.

Houston, Brant (2004): *Computer-assisted Reporting. A practical guide*. Bedford/St. Martin's

Jarvis, J. (2009): *Was würde Google tun? Wie man von den Erfolgstrategien des Internet-Giganten profitiert.* Dt.: Heike Holtsch. 3. Aufl., München.

Kayser-Bril, Nicolas (2013): „Wie Computer den Journalismus verändern". In: Leif Kramp u.a. (Hg.): *Journalismus in der digitalen Moderne. Einsichten – Ansichten – Aussichten.* Wiesbaden, S.135-140.

Kiefer, Philip (2010): *Die ultimative Google-Bibel*. Düsseldorf.

Kilgenstein, J. (2011): *Ist Google böse? Was die Suchmaschine über Sie weiß und wie Sie sich wehren können.* Rostock.

Kittler (1986): *Grammophon, Film, Typewriter.* Berlin.

Lampert, Marie/Rolf Wespe (2011): *Storytelling für Journalisten*. Konstanz.

Lovink, Geert (2010): "Die Gesellschaft der Suche. Fragen oder Googeln". In: Becker/Stadler (2010: 53-63)

Machill, Marcel/Markus Beiler/Martin Zenker (2008): *Journalistische Recherche im Internet. Bestandsaufnahme journalistischer Arbeitsweisen in Zeitungen, Hörfunk, Fernsehen und Online.* Düsseldorf/Berlin.

Tags Literatur

Manovich, Lev (2010): „Auf den Spuren der globalen digitalen Kulturen. Kulturanalytik für Anfänger". In: Becker/Stalder (2010: 221-236).

Meyer, Philip (2002): *Precision Journalism. A Reporter's Introduction to Social Science Methods.* 4. Aufl., Lanham.

Neuberger, Christoph (2005): „Das Ende des ‚Gatekeeper'-Zeitalters". In: Kai Lehmann/ Michael Schetsche (Hgg.): *Die Google-Gesellschaft: Vom digitalen Wandel des Wissens.* Bielefeld, S.205-213.

Oswald, Bernd (2011): „Der Weg zum Gatewatching". In: *Medium-Magazin*, 3/2011, S.31.

Pariser, Eli (2012): *Filter Bubble: Wie wir im Internet entmündigt werden.* Übers.: Ursula Held, München.

Scheeren, William O. (2012): *The Hidden Web: A Sourcebook.* Santa Barbara.

Sherman, Chris und Gary Price (2001): *The Invisible Web: Uncovering Information Sources Search Engines Can't See.* Medford.

Vaidhyanathan, Siva (2011): *The Googlization of Everything (And Why We Should Worry).* Berkeley.

Weischenberg, Siegfried (1983): „Investigativer Journalismus und kapitalistischer Realismus. Zu den Strukturbedingungen eines anderen Paradigmas der Berichterstattung". In: *Rundfunk und Fernsehen*, H.3-4/1983, S.349-369.

Wyss/Keel (2007): „Die Suchmaschine als Danaergeschenk. Zur strukturellen Gewalt der „Googleisierung" des Journalismus". In: Thorsten Quandt & Wolfgang Schweiger (Hg.): *Journalismus online - Partizipation oder Profession?* Wiesbaden, S.61-75.

Wilke, J. (2004): „Die Tagespresse der 70er Jahre". In: Werner Faulstich (Hg.): *Die Kultur der 70er Jahre.* München, S.81-98.

H INDEX

Agentur 63
Allensbach 98
Amtsgeheimnis 101
App 46, 74, 127
ard/zdf-Onlinestudie 17
Augenzeuge 124
Behörde 97
Bericht 25, 100
Bibliothek 49, 50, 76, 107
Bildersuche 40, 41, 72
BING 64, 65, 81, 110
Blog 13, 51, 52, 92, 93, 126
Blogdienst 51, 92
Boole'sche Operatoren 28, 33
Computer 8, 9, 14, 18, 19, 22, 33, 49, 50, 67, 97, 98, 100, 101, 109, 114, 121, 141
Computer Assisted Reporting 97, 98, 100, 101
Crawler 66
Datenbank 18, 41, 51, 71, 72, 105-108, 110-113
Datenjournalismus 95-102, 104, 105, 119, 120
DER SPIEGEL 9, 36, 71, 76, 93, 102, 120
Desinformation 18
DIE ZEIT 71, 95, 96, 102
DPA 9, 83, 102, 104
E-Mail 17, 79, 114, 116
empirische Sozialforschung 98
FACEBOOK 81, 83-86, 93, 124-126, 128

Fact-Checking 18
Fernsehen 74, 125
Gatekeeping 125
Gatewatching 125
Geodaten 43, 52, 75, 110
geografische Information 75
Geschichte 79, 100, 104
GOOGLE 11, 17-49, 51-66, 68, 71, 72, 74, 75, 79, 81, 82, 86, 88, 100, 106, 110, 118, 131-134, 136
Google instant 31, 32
Hacks 53
Hashtag 85, 88-90, 126
Hidden Web 106, 112, 113
hyperlokaler Journalismus 100
Hypothese 104
Index 21, 26, 64, 110
Informant 58, 83, 87, 113
Information Overload 97, 104, 126
Informationsfreiheit 102
Informationsfreiheits-gesetz 95
Internet 9, 13, 17-21, 25, 41, 43, 48, 50-53, 62-64, 66, 69, 70-72, 74-79, 82, 99, 102, 105-108, 110-112, 114, 115, 117, 126
investigativ 51, 83, 109
Journalismusforschung 119
Keyword 27, 32, 53, 63, 88, 90, 110, 126
Kittler, Friedrich 8
Kommunikationswissen-schaft 26, 125

Tags Index

Kunst 13, 76, 105
Kuratieren 124-128
Landkartendienst 41
Lasswell-Formel 26
Linkpopularität 22
Lojewski, Wolf von 9
Lovink, Geert 10, 18
Manovich, Lev 10
Medienethik 56
Methode 12, 20, 36, 65, 98
Meyer, Philip 97, 98
Motivrecherche 42
Museum 55
Nachricht 25, 58, 65, 89, 92, 93, 100, 124, 125
NEW YORK TIMES 93
NORDDEUTSCHER RUNDFUNK 52
NSA 114, 117
Open-Data 101, 103
PageRank 22
Personensuche 78
Politik 18, 83, 93
Pressefreiheit 114
Pressesuchdienst 71
Pulitzer, Joseph 12
Qualität 27, 52, 62, 66
Quelle 57, 63, 77, 85, 97, 110
Recherche 9-15, 18, 19, 23, 27, 32, 36, 41, 49, 56, 58-60, 68, 70, 71, 85, 102, 104, 106-108, 113, 116, 121, 127, 129, 131, 137, 139, 140, 141
Relevanz 22, 27, 57
Rundfunkanstalt 71, 98
Scoop 104
Screen Scraping 105, 106, 113
semantische Suche 44
Snowden, Edward 114, 117

Social Media 83-85, 90, 92, 125
soziale Netzwerke 83, 94, 126
SPIEGEL ONLINE 71, 93
Statistik 13, 51, 57
Story 36, 87, 97
Storytelling 104
Suchbegriff 13, 19, 22, 23, 25-27, 40, 48, 56-58, 64, 110
Suchmaschinen 12, 17, 20, 24-26, 32, 40, 49, 61, 62, 64-68, 70-72, 80, 81, 104, 106, 107, 110, 112, 121-123, 133
Suchmaschinen-optimierung 63
Suchoperatoren 19, 64
SÜDDEUTSCHE ZEITUNG 52, 71
Technik 18
THE GUARDIAN 93, 102
TIMES 119
tor-Netzwerk 115, 116
twitter 83, 85, 87-91, 93, 108, 124-126, 128
Urheberrecht 49, 106
Usability 50
User Tracking 24, 63, 65
Wayback-Machine 110
Webcrawler 21, 22, 26, 62, 112
Webkatalog 20
Werbung 24, 63
Whistleblower 114
WIKILEAKS 104, 119
Wirtschaftsauskunftei 43
Wissenschaft 98
YAHOO! 20, 64, 65, 72, 81, 110
YOUTUBE 39, 62, 72, 126-128